ULRIKE SCHEUERMANN

Das Leben wartet nicht

7 Schritte zum Wesentlichen

MensSana

Besuchen Sie uns im Internet:
www.knaur.de

Alle Titel aus dem Bereich MensSana finden Sie
im Internet unter: www.mens-sana.de

Originalausgabe Oktober 2011
Knaur Taschenbuch
© 2011 Knaur Taschenbuch
Ein Unternehmen der Droemerschen Verlagsanstalt
Th. Knaur Nachf. GmbH & Co. KG, München
Illustrationen: Ulrike Scheuermann
Redaktion: Ralf Lay
Umschlaggestaltung: ZERO Werbeagentur, München
Umschlagabbildung: FinePic®, München
Satz: Adobe InDesign im Verlag
Druck und Bindung: GGP Media GmbH, Pößneck
Printed in Germany
ISBN 978-3-426-87555-1

2   4   5   3   1

Inhalt

Eine Art von Glück

Weiter hinten sitzt ein kleiner, rundlicher Mann im Veranstaltungssaal; etwa Mitte vierzig ist er, schwarzes Haar an den Seiten, die Kopfmitte kahl. Trotz der vielen Teilnehmer fällt er mir durch seine Präsenz auf. Er strahlt Ruhe aus. Bisher ist er sehr still gewesen. Ich will ihn mehr in mein Seminar integrieren, und während der Mittagspause kommen wir ins Gespräch. Er heißt Benjamin und sagt, dass er müde ist, weil er seit einem halben Jahr seine schwer kranke Frau pflegt. Es sieht schlecht aus, erzählt er, sie wird nicht mehr lange leben. Das tut mir sehr leid, sage ich. Er hat gerade ein Gähnen unterdrückt, aber meinen Satz hat er gehört. Und dann lächelt er mich an, sein Blick ist klar und gerade. In dem Moment weiß ich: Er kann tragen, womit er täglich lebt, mit seinem eigenen Schmerz und dem seiner Frau. Und es geht hier nicht um schnelles Mitleid. Ihn interessieren ganz andere Dinge. Und tatsächlich: Jetzt erzählt er noch ein wenig mehr. Dass die Zeit mit seiner Frau sehr intensiv ist, dass sie tiefe und kostbare Gespräche führen und dass es gut so ist, wie es ist.

Benjamin lebt das für ihn Wesentliche. Er pflegt seine Frau, er ist bei ihr. Er wirkt gesammelt, kraftvoll und klar. Doch man kann auch unter weniger belastenden Bedingungen zum Wesentlichen finden. Das weiß ich aus eigener Erfahrung sowie aus meiner Arbeit mit Menschen in Krisen und jenen, die mehr zum Wesentlichen finden wollen. Und ganz frisch weiß ich es aus meiner Erfahrung mit diesem Buch: Recherchieren, Reden, Schreiben – natürlich hat das dazugehört. Aber vor allem habe ich innerlich gearbeitet, manchmal Tag und Nacht. Dabei bin ich dem nähergerückt, was für mich das wirklich Wichtige im Leben ist. Und ich bin mir sicher, auch das ist nur ein Zwischenschritt. Denn das Wesentliche leben – solch ein Thema hat man nicht ein für alle Mal geklärt und schreibt anschließend ein Buch. Das ist ein Prozess, lebenslang, würde ich sagen. Ich gehe durch die Arbeit an diesem Buch mit noch größerer Fülle durch mein Leben. Sollte ich es Glück nennen? Lieber nicht – zu oft missverstanden wird das Wort für meinen Geschmack. Ich meine jedenfalls eine andere Art von Glück. Eine, die nicht nur die hellen Seiten sieht: Freude, Verliebtheit, Begeisterung. Schönheit, Kraft und Stärke. Sondern eine Art von Glück, die die anderen Seiten einschließt: Schmerzen, Wut und Verzweiflung. Mitleiden und das Ringen um Verstehen. Loslassen und Trauer. Vielleicht ist »Erfüllung« das passendere Wort.

Auch mithilfe eines Buches, mit diesem Buch, kann man also zum Wesentlichen finden. Und da ist es gleich, ob ich es nun schreibe oder ob Sie es lesen. Ich möchte Ihnen nur ein Beispiel erzählen zu dem, was sich in diesem Jahr bei mir verändert hat. Da geht es um meine Wahrnehmung anderer Menschen.

Auf dem Gehsteig vor der Schule meines Sohnes, hinter mir brandet der Stadtlärm, ich rede mit einer Mutter. Ich höre ihre Worte. Aber daneben schiebt sich eine andere Wahrnehmung nach vorn: Immer deutlicher »sehe« ich ihre Ausstrahlung. Ich erfasse, was sie *ist,* jenseits ihrer äußeren Schönheit, die ohnehin unübersehbar ist. Das Einzigartige, das strahlend Schöne, das jedem Menschen immer wieder anders innewohnt. In dem Moment, in dem ich es erkenne, fühle ich mich beschenkt. Den ganzen Tag lang wird das anhalten. Ähnlich ist es mit anderen Aspekten: Brennt jemand für etwas, für eine Idee, eine Aufgabe oder einen Weg? Wenn ich das wahrnehme, freue ich mich und will natürlich sofort wissen, wofür. Gegenüber der

Außensicht auf andere Menschen werde ich dagegen zunehmend blind: Wie alt ist jemand an Jahren, welchen Status nimmt er ein, welche Kleidung und Handys hat er? Manchmal überhöre ich, welche Worte jemand sagt – etwa wenn er auf die Umstände schimpft –, und lausche lieber auf die Zwischentöne. Und so unmodern es klingen mag: Ich sehe immer mehr die guten Absichten aller Menschen, ihr vielfältiges Streben nach Entwicklung, Wachstum und Ganzwerdung. Selbst auf Abwegen.

Sei es bei Benjamin der Wunsch, seine Frau mit all seiner Kraft und Präsenz zu begleiten. Sei es meine Art der Hinwendung zu anderen Menschen. Sei es bei Ihnen etwas gänzlich anderes: Sie können durch die Arbeit mit diesem Buch eine neue Sicht auf Ihr Leben und seinen Sinn erlangen. Das wünsche ich Ihnen, verbunden mit einem Glücksempfinden, das nichts aus-, sondern alles einschließt und das deshalb jeder erleben kann. Damit Sie nicht erst später, wenn endlich alle Bedingungen stimmen, sondern schon heute das für Sie Wesentliche leben.

Ulrike Scheuermann
im April 2011

Wenn morgen mein letzter Tag wäre

»Das ist ja interessant. Worum geht es denn in Ihrem Buch?«
Das Buffet ist schon reichlich abgeräumt. Der Small Talk
braust über den Köpfen der Kongressteilnehmer. Die Frau mir
gegenüber stellt ihr Sektglas auf den leergegessenen Teller und
klemmt eine graue Haarsträhne hinters Ohr.
»Ich zeige, wie man sich mehr auf das Wesentliche in seinem
Leben fokussieren kann«, erkläre ich.
»Ach! Genau das Richtige für mich.« Sie schweift nicht mehr
mit dem Blick über die Gesichter der Menschen und schaut
mich endlich an. »Erzählen Sie mal mehr!«
»Dabei stellt man sich vor, man würde vom Ende seines Lebens
zurückblicken. Im Angesicht des Todes erkennt man leichter,
was einem wirklich wichtig im Leben ist.«
»Aha«, erwidert sie. Ihr Blick fällt nach unten und wandert
durch den Saal, als suche er jemanden zum Festhalten, den er
nicht findet. Sie möchte jetzt noch von dem Salat nehmen und
bedeutet mir, dass sie gleich vom Buffet zurück sein wird. Sie
bleibt beim Buffet.
Immer wieder erlebe ich diese Ambivalenz. Der aufstrahlende
Blick, wenn ich davon erzähle, dass ich über »Das Wesentliche«
schreibe. Die sich verschließenden Gesichtszüge, das Zurück-
weichen des Körpers, die versiegenden Worte, wenn ich einen
Schritt weitergehe und das »Wie« erkläre. Zwei Wörter sind der
Auslöser, selbst wenn ich sie umschreibe, aus Rücksichtnahme,
ich will ja nicht brüskieren: »Sterben« und »Tod«.
Und doch: Öfter sind meine Gesprächspartner nicht ablehn-
nend, sondern erleichtert, wenn ich erzähle, wie wichtig ich es

finde, den Tod als sichere Grenze mitzudenken, um sich an seinen Lebenssinn zu erinnern. »Wie gut, dass ich mit Ihnen darüber sprechen kann, Sie klammern das Thema nicht aus«, sagte neulich eine Klientin in den Fünfzigern zu mir. Aber nicht nur ich persönlich erlebe Menschen mit dem Wunsch, sich dem Thema zuzuwenden. Auch im öffentlichen Interesse rückt das Thema nach vorn. So prangte kürzlich auf dem Titel der reichweitenstärksten Wochenzeitschrift, des *Stern,* die Frage: »Hat der Mensch wirklich eine Seele?« In dem Artikel dokumentiert der Wissenschaftsautor Stefan Klein, wie Menschen darüber nachdenken, wohin die Seele geht, wenn wir sterben. Zeitungsthemen ebenso wie Bestseller bilden gesellschaftliche Trends ab. Und so ist das Thema auch bei Büchern präsent: Der Journalist Georg Diez erzählt in *Der Tod meiner Mutter* sehr direkt vom Sterben – und landet damit in den Sachbuch-Bestsellerlisten, ebenso wie Christoph Schlingensief mit seinem *Tagebuch einer Krebserkrankung.*

Jeder Mensch stirbt am Ende seines Lebens. Ganz schlicht. Das gehört zu den normalsten Dingen der Welt, denn der Tod ist todsicher. »Wir müssen nichts, außer sterben«, sagt meine Schwiegeroma manchmal. Ob jung und zu früh, genau zur richtigen Zeit oder zu spät. Auch wenn das Thema Angst macht, aufwühlt und Schmerzen mit sich bringt: Reden, denken, lesen wir darüber! Sich in dieser Weise der Realität zu stellen heißt für mich, erwachsen und verantwortlich auf sein eigenes Leben zu blicken. Deshalb tue ich es in diesem Buch. Es geht mir dabei immer um den Blick auf Ihr Leben heute, in dem der Tod noch viele, viele Jahre entfernt sein mag. Nur der Blickwinkel ist anders gewählt als gewöhnlich, nur das Lebenszeitgefühl wird ein anderes.

»Wo soll mein eigener Weg sein, wenn ich doch jeden Weg gehen könnte? Ich brauche eine Bande«, sagte einmal ein

Seminarteilnehmer in kleiner Runde. Der Gedanke an die eigene Endlichkeit kann so eine Bande sein. Und für manche ist er sogar eine existenzielle Notwendigkeit. So etwa für Gunnar, einen meiner Klienten. Gunnar redet schnell, lebt schnell und schafft viel. Zu viel, denn längst hat er Schlafstörungen. Er wird umgetrieben von seinen hohen Ansprüchen und ehrgeizigen Karriereplänen. Und morgens, lange vor dem Aufstehen, ist da auch diese Wolke in seinem Kopf. Die Gedanken wabern grau und schwerfällig dahin, diffuse Angst ist darunter gemischt, und Gunnar kann sich kaum rühren. Das dauert ungefähr anderthalb Stunden. Sobald er aufgestanden ist, funktioniert er wieder, und das Leben läuft. Denn mit Mitte vierzig ist Gunnar noch jung genug, um über seinen Körper zu entscheiden. »Ich und krank werden? Ich fühle mich kräftig, ich war immer gesund«, sagt er in einem Gespräch. Zugleich sieht er, dass er über seine Kräfte geht.

Doch das sei nicht der Grund, warum er sich von mir beraten lasse, erzählt er. Seine Frau sei der Grund. Sie spreche neuerdings von Trennung. Sie halte es nicht mehr aus, ihm zuzusehen, wie er sich zugrunde richte. Sie wolle mit ihrem Mann alt werden und nicht in zehn Jahren an seinem Grab stehen. Gunnar will seine Frau nicht verlieren. Er bekommt Angst. Und im Verlauf unserer Gespräche durchdringt er immer mehr die verschiedenen Schichten seiner Angst: Was liegt hinter der Angst, seine Frau zu verlieren? – Angst, einsam zu werden. Ja, und dahinter? – Angst vor der Leere. Gut, und was ist diese Leere? – Hmm. Also reden wir über andere Themen, seinen Arbeitsstil und wie er seine Lebensbereiche mehr ausbalancieren könnte. Mit der Zeit werde ich unruhig, denn ich habe den Eindruck, wir treten auf der Stelle.

In einer unserer Stunden geht es um seine Zukunft. Da steht er abrupt auf und tritt ans Fenster. Stille, nur sein lautes Atemgeräusch. Als er wieder zu seinem Sessel zurückkehrt, sprechen wir lange über seine Gedanken an den Tod. »Wissen Sie, wie ich immer an das Lebensende gedacht habe? Dunkelheit, Abgrund und lauerndes Grauen. Alte, abgemagerte Leute in Krankenhausbetten. Doch nicht ich. Nur die anderen.«

Ich frage ihn: »Wie könnte, wie sollte denn Ihr eigener Tod aussehen?«

Und Gunnar begibt sich auf eine Gedankenreise – eine Übung, bei der man innere Bilder entstehen lässt. Er sieht sich auf Managerart mit einem Herzinfarkt einfach umkippen: keine Worte mehr, kein Abschied. Und damit ist endlich die Grenze da, die vorher gefehlt hat, und ich fühle mich irgendwie erleichtert. Gunnar erschrickt zwar erst, aber bald schaut er wieder dorthin, und seine Vorstellung macht einer ebenso konkreten wie schlichten Idee von Abschluss und Abschied Platz. »Ich sitze in meinem Bett und habe noch drei Tage Zeit, um mich von den wichtigsten Menschen zu verabschieden. Friedlich und ausgesöhnt bin ich da, und ich sehe fast ein wenig erwartungsvoll aus.«

Gunnar sieht jetzt eine Grenze, wo ihm vorher alles möglich schien, und das ist gut für ihn. Er wird langsamer, ruhiger, und die dumpfe Morgenangst lässt nach. Er redet mit seiner Frau über ihre gemeinsame Beziehung. Es geht nicht mehr um den nächsten Karriereschritt, jetzt gibt es Wichtigeres in seinem Leben. Dieser Prozess ging natürlich nicht geradlinig voran, und einfach war er schon gar nicht. Doch er zeigt auch, dass bei Gunnar funktioniert, was fast immer klappt, wenn eine diffuse Angst umherspukt: Sobald man den Mut aufbringt, der Angst ins Gesicht zu schauen, erhält der bedrohliche Schatten Konturen und schrumpft zu dem zusammen, was er ist: eine sichtbare Gestalt, der sich gegenübertreten lässt.

Stellen Sie sich einen Fluss vor, der in seinem Bett dahinströmt. Plötzlich gelangt das Wasser zu einer Staumauer. Und da wird aus dem Fluss ein weiter, tiefer, stiller See. Angesichts der Endlichkeit Ihres Lebens werden Sie ruhig und sehen das für Sie Richtige und Wichtige. Die Angst schrumpft wie bei Gunnar. Die Rennerei hört auf, die hohen Ansprüche flachen ab. Die eigenen Werte verändern sich. Der Lebenssinn wird klarer. Und all das strahlen Sie auch aus. So können Sie stark wirken und viel geben – eine der besten Voraussetzungen für echtes Glück.

Endlich endlich!

»I was blessed. I was told, I had only three months to live«, schreibt Eugene O'Kelly in seinem ersten und letzten Buch: Er empfindet die Aussicht auf seinen Tod als Geschenk. Er entwickelt sich in rasantem Tempo. Er setzt sich mit sich selbst, seinen Mitmenschen und dem Sinn seines Lebens vollkommen neu auseinander. Er findet zu einer Lebensintensität, die ihn in den letzten Monaten zutiefst beglückt. Er schreibt: »Ich fühlte mich, als lebte ich eine Woche an einem Tag, einen Monat in einer Woche, ein Jahr in einem Monat.« Kurz vor seinem Tod berichtet er von einem Tag, den er mit den Menschen verbracht hat, die er liebt: »Es war ein perfekter Tag. Ich fühlte mich vollkommen. Verbraucht, aber vollkommen.«
Wovon O'Kelly schreibt, das geht auch bei jedem von uns, und auf eine Krankheitsdiagnose muss nun wirklich niemand warten. Jeder kann den Endlichkeitsgedanken wie einen freundlichen »Erinnerer« mit sich tragen, an jedem Tag. Ich kenne diesen Erinnerer zum Beispiel, wenn mein Arbeitspensum überhandnimmt, was mir leider immer noch passiert. Dann setzt bei mir – wenn es gut geht – ein gesunder Mechanismus ein:

Mir fällt wieder ein, dass ich kleiner Mensch irgendwann sterben könnte, vielleicht schon bald. Oder dass ich krank werden könnte. Dadurch fällt es mir leichter, abzulassen von meinen Arbeitsplänen. Dann wende ich mich nach innen, werde mitfühlender mit mir selbst, mache mehr Sport in der Natur, schlafe ein paar zusätzliche Stunden pro Nacht, verarbeite Erlebtes. Ich werde dankbar für das schlichte Dasein und demütig, wenn ich bedenke, was mich schicksalhaft treffen kann. Das klappt natürlich nicht immer, man kann so etwas schließlich nicht auf Kommando abrufen – aber ich versuche, mich wieder und wieder daran anzunähern. Denn wenn es mir gelingt, geht es mir gut. Ich nenne diesen Prozess »Erdung«. »Verlangsamung« oder »Loslassen« könnte man es auch nennen; und Achtsamkeit und Nachhaltigkeit entstehen daraus. Jeder kann seine eigene Form der Erdung finden. Rose Ausländer, eine meiner Lieblingsdichterinnen, schreibt: »Ich trage meine Urne / verläßliche Uhr / die meine Zeit / von Tag zu Tag / kürzt.«

Und dennoch: Kaum jemand wird alle Angst vor dem Tod loslassen können. Eine »Restangst« wird wohl bleiben und fordert dazu heraus, sie schlicht auszuhalten in einer persönlichen Meisterschaft. Wenn Ihnen das gelingt – der Angst standhalten, mit ihr leben, anstatt sie zu betäuben oder vor ihr davonzurennen –, können Sie vielleicht noch einen Schritt weiter gehen zu einer tieferen Erkenntnis: »Im letzten Grunde bin ich sicher. Es wird immer einen Weg geben. Mein Selbst ist unverletzlich.«

Vor ein paar Wochen hielt ich ein dickes Buch in den Händen. Darin geht es um nichts anderes als die Hinwendung zweier Liebender zueinander, die sich gewiss sind, bald durch den Tod getrennt zu werden. In dem Buch sind Briefe gesammelt: Liebesbriefe, Alltagsbriefe, Briefe zur Fortführung des Widerstands. Alle geschrieben und geschmuggelt in den fünf Monaten, in denen der Widerstandskämpfer Helmuth James von Moltke als Hochverräter angeklagt im Berlin-Tegeler Gefängnis einsaß, während seine Frau Freya in Freiheit für ihn, für ihre Familie und für andere Menschen weiterkämpfte. Die beiden schreiben sich in dem Wissen, dass Helmuth hingerichtet werden wird. Freya schreibt einmal: »Wenn man mit dem Tod im Angesicht lebt, dann kommt man tiefer und höher zugleich.« Und Helmuth äußert an anderer Stelle: »Ja, mein Herz, unser Leben ist zu Ende. Die volle Dankbarkeit für dieses Leben habe ich erst in diesem Jahr gelernt. Wie war es möglich, dass ich es nicht immer so wusste?«

Das Tabu

»Bei den Viktorianern durfte man nicht Unterhose sagen, heute darf man nicht Tod sagen«, lässt Ulli Olvedi ihre Protagonistin Nora in dem Roman *Über den Rand der Welt* äußern, der von der Vorbereitung einer Frau auf das Sterben handelt. Ja, es ist nicht gerade en vogue, über das Lebensende, über Sterben und Tod zu sprechen. Manche meinen sogar, das wäre ziemlich hart. Denn viele Menschen schauen immer noch weg wie Kinder, die sich die Augen zuhalten nach dem Motto »Was ich nicht sehe, ist auch nicht da«. Und da beißt sich die Katze in den Schwanz: Gerade weil wir den Tod nicht anschauen, ist die Angst vor ihm so groß, und umso weniger trauen wir uns hinzuschauen.

Das Thema »Tod und Sterben« wird in unserer Kultur tabuisiert. In Krankenhäusern wird gestorben, ohne dass jemand gewagt hätte, die Sterbenden auf ihren bevorstehenden Tod anzusprechen, und ohne dass die Sterbenden selbst es gewagt hätten. Vielleicht aus vermeintlicher Rücksicht auf die Angehörigen, vielleicht, weil sie nicht darin geübt sind, über das Thema zu sprechen, oder auch, weil das Thema komplett verdrängt wird. So funktionieren Tabus: Worüber nicht gesprochen wird, darüber denkt man nicht nach. So ist für viele Menschen der Weg verbaut, um eine eigene Haltung zum Tod zu finden. Unvertrautes macht Angst. Dort hinten, auf das Lebensende zu, steht alles in trüben Schatten. Dann kann es sein, dass jemand erst im letzten Moment sein Sterben realisiert – was für ein Schock!

Aber es hilft ja nichts, über ein Tabu zu lamentieren, das nun mal da ist. Was jedoch hilft, ist Verstehen. Wer Hintergründe und Ursachen versteht, ist ihnen weniger ausgeliefert. Also noch einmal die Frage: Warum verdrängen so viele den Tod? Warum existiert dieses Tabu in unserer Gesellschaft überhaupt, obwohl es so viel Schaden anrichtet und so viele Möglichkeiten der Selbstentwicklung verhindert?

Der erste Grund: Zufällig leben wir zur richtigen Zeit am richtigen Ort, um den Tod besonders einfach verdrängen zu können. Ganz anders ist das in anderen Gegenden unserer Erde, ganz anders war das zu anderen Zeiten. Wer kann den Tod verdrängen, wenn dieser sich in jedem Babybett, an jedem ausgetrockneten Wasserloch, auf jedem Minenfeld in Erinnerung bringt? Der Tod war auch bei uns noch bis in die 1940er-Jahre präsent. Meine Schwiegeroma, frisch verliebt und verheiratet, musste während des Zweiten Weltkriegs nur den Dorfvorsteher mit schweren Schritten zum Haus hinaufsteigen sehen, da wusste sie schon, es war wieder so weit, und sie drückte ihre kleine Tochter an sich. Bis er wegen ihres Mannes kam, war es nur noch eine Frage der Zeit. Die meisten Nachkriegsgeborenen in unserem Land dagegen haben seit sechzig Jahren nie etwas anderes kennengelernt als Frieden, Sattheit und Freiheit bei wachsendem Wohlstand und medizinischer Premiumversorgung.

Keine Frage: Die moderne Medizin vollbringt Großes und ist ein Segen für jeden, der dadurch weiteres glückliches Leben geschenkt bekommt. Und dennoch hilft sie kräftig mit, den Tod leichtherzig zu verdrängen. Denn sie suggeriert uns, wir könnten dem Tod immer wieder von der Schippe springen. Sie verlockt uns mit ihren Versprechen, jede Krankheit sei reparabel. Gleich, ob durch den Griff ins Ersatzteillager der Nieren, Lebern und Herzen oder ins homöopathische Kügelchenarsenal: Krankheit lässt sich beheben. Sterben? Das tun nur die anderen.

»Jetzt jeden Tag jünger werden«, lese ich auf dem Flyer einer bekannten Sportclub-Kette. So absurd ist der Satz gar nicht, wie er zunächst klingen mag. Wir bleiben nicht nur immer länger gesund, sondern auch immer länger faltenlos, fit und zeitlos wohlgeformt. Denn heute gibt es Botox und kosmetische Chirurgie, Training für jeden Muskel und ausgeklügelte Anti-Aging-Therapien. Damit können wir ein Jahrzehnt oder gar zwei – je nach Geldbeutel – herausschlagen. Aber mit den Mühen ums Jungbleiben schiebt sich eben nicht nur der Alterungsprozess um ein paar Jahre nach hinten, sondern auch die persönliche Entwicklung. Kürzlich stand ich vor dem Spiegel und sah, wie müde und erschöpft ich aussah. Ich spannte meine Augenpartie nur ein kleines bisschen in Richtung Schläfen. Sah besser aus. Könnte man da nicht ...? Und mit dem Gedanken an kosmetische Tricks merkte ich sofort den Sog, der sich aufs Jungleiben richtete. Ich versuche an solchen Tagen dagegenzuhalten: Falten hin oder her – ich werde Jahr für Jahr kräftiger, verstehe mehr, wachse innerlich. Ich will meine eigene Vergänglichkeit mitdenken, um weiter ganzheitlich zu wachsen. Wenn ich meinen Fokus aufs Jungleiben richte, geht das nicht.

Das eigene Leben: ein Wimpernschlag in der Geschichte der Menschheit. Die Geschichte der Menschheit: ein Achselzucken in der Geschichte der Welt. Das Gefühl für die Kostbarkeit der kurzen Lebensspanne, die jedem von uns zur Verfügung steht, möchte ich Ihnen mit diesem Buch nahebringen, verbunden mit den Möglichkeiten, das Wesentliche in Ihrem Leben aufzuspüren. Denn ein Leben, das vom Wesentlichen aus geführt wird, ist erfüllt. Viele Jahre lang habe ich in Berliner Beratungsstellen Menschen in seelischen Krisen beraten, und seit langem arbeite ich mit Menschen, die herausfinden wollen, was für sie das Wesentliche ist. So habe ich einen pragmatischen Ansatz entwickelt, um sehr direkt zum Wesentlichen zu finden.

Wie Sie mit diesem Buch Ihr Leben verändern können

»O lerne denken mit dem Herzen, und lerne fühlen mit dem Geist«: Schon Theodor Fontane wusste um den Reichtum, der aus der Verknüpfung von Denken und Fühlen erwächst. Dieser Reichtum wird sich allerdings nur schwer einstellen, wenn Sie dieses Buch gerade einmal zur Hand nehmen und in einem Rutsch durchlesen. Entwicklungen brauchen Zeit, und in diesem Buch begegnen Ihnen sieben umfangreiche Übungen, die einen Prozess des inneren Wachstums voranbringen und aus denen Sie zum Beispiel ein Sieben-Wochen- oder gar ein Sieben-Monats-Programm gestalten könnten. Für nachhaltiges persönliches Wachstum müssen Sie also mehr tun als ein wenig lesen und denken. Nämlich geduldig sein, ausprobieren, erleben und verstehen. Und bei alldem immer wieder: fühlen.

Sich nicht nur gedanklich, sondern auch mit Gefühlen neu auszurichten – das kann Ihnen mithilfe der verschiedenen Elemente dieses Buches gelingen. So tauchen Sie zum Beispiel in jedem Kapitel für einen emotionalen Zugang in eine fiktive Geschichte ein. Sie tauchen aber auch wieder auf und sind selbst gefordert, indem Sie eine Übung bearbeiten. Ich gebe Ihnen wenige Tipps und stelle dafür umso mehr Fragen. Das ist mir wichtig, denn wie könnte ich bei tiefergehenden Themen Rat geben, wenn ich Sie gar nicht persönlich kenne? Die Wahrheit liegt in jedem selbst verborgen, und Fragen sowie Übungen können sie in einem Buch am besten hervorlocken. Sie lesen zudem viele Beispiele von meinen Coaching-Klienten und Seminarteilnehmern. Und Sie finden Handzeichnungen von mir im ganzen Buch, die Ihnen die Idee des jeweiligen Kapitelthemas vermitteln und den Überblick über die Übungen erleichtern – schließlich nehmen wir die Welt überwiegend mittels des Sehsinns auf. Aber auch das Einlassen auf kulturelle Beiträge wie Romane, Spielfilme und Musik fördert die ganzheitliche Auseinandersetzung. All das soll dazu dienen, dass Sie später das Buch zuklappen und nicht trübe auf dem Sofa sitzen bleiben, sondern die Ärmel hochkrempeln und sieben Wochen oder sieben Monate später statt »Ja und?« lieber sagen: »Ja. Endlich!«

Der Aufbau jedes Kapitels ist fast immer gleich – damit Sie gut orientiert sind und sich dadurch umso besser auf den Inhalt einlassen können: Zuerst lesen Sie einen Einstieg, in dem ich Sie mit dem Thema des Kapitels vertraut mache, Beispiele erzähle und Sinn und Nutzen der Übung erkläre. Dann folgt das »Aufwärmen«, denn wie es sich beim Sport leichter übt, wenn die Muskeln für das Training aufgewärmt sind, so stimmen Sie sich mit dieser kleinen auf die spätere umfangreiche Übung ein. Daraufhin erzähle ich eine kurze Geschichte als weitere

Möglichkeit, um sich ganzheitlich dem Kapitelthema und der Übung zuzuwenden. Dann sehen Sie einen Überblick über die durchaus komplexe Übung als Schaubild, und es folgt die Übung. Anschließend vertiefe ich im dritten Teil jedes Kapitels unter der Überschrift »Verstehen« einzelne Themen aus dem Kapitel – Themen wie »Weisheit«, »Würde«, »Selbstwert« oder »Echtes Geben«. Zum Schluss empfehle ich Ihnen in jedem Kapitel noch passende Bücher, Links, Spielfilme, Musik oder Fotos. Ich möchte möglichst direkt Ihr Interesse an dem einen oder anderen Werk wecken, deshalb kommentiere ich die Werke oder zitiere Textstellen.

Und der Aufbau des gesamten Buches? In sieben Kapiteln durchlaufen Sie in sieben Schritten mit sieben existenziellen Übungen einen Reifungsprozess, der Sie zum Wesentlichen führt: Im ersten Kapitel, »Der Fluss«, überblicken Sie Ihr ganzes Leben. Im zweiten, »Die Ozeanfahrt«, gewichten Sie Ihre persönlichen Werte und finden die für Sie wichtigsten heraus, seien es nun Freiheit, Sinn und persönliches Wachstum, seien es Loyalität und Hingabe oder was auch immer. Im dritten Kapitel, »Die Frist«, fokussieren Sie sich angesichts begrenzter Lebenszeit auf das, was Sie als Wichtigstes in Ihrem Leben tun wollen. Im vierten, »Die letzte Vorlesung«, entdecken Sie Ihre persönliche Weisheit und überlegen, wie Sie sie anderen mitteilen können. Im fünften Kapitel, »Die menschlichen Spuren«, machen Sie sich bewusst, welche Spuren Sie hinterlassen wollen – schon heute und morgen, aber auch für nachfolgende Generationen. Im sechsten Kapitel, »Die drei Briefe«, fassen Sie unter anderem eine Liebe in Worte, bringen eine Konfliktklärung voran und heilen so für Sie wichtige Beziehungen. Und im siebten Kapitel, »Der Eintrag im Tagebuch«, finden Sie heraus, wie Sie durch echtes Geben glücklicher werden können.

In vielen der Übungen kommt mein Ansatz des »Schreibden-

kens« vor, bei dem Sie das Schreiben nutzen, um damit weiter-
zudenken. Schicht für Schicht gehen Sie immer tiefer bis zum
Kern. Denn Schreibdenken ist eine der besten Selbstcoaching-
Methoden: Sie halten inne, sinken in sich selbst zurück, werden langsam und still. Diejenigen unter Ihnen, für die Schreiben nicht der passende Zugang ist, können die Übungen natürlich auch anders bearbeiten, etwa im Kopf, mit einem
Diktiergerät oder im Gespräch mit einem vertrauten Menschen.
Ob Sie dabei über schwierige, gleichwohl wichtige Stellen hin-
weghuschen, entscheiden Sie ohnehin selbst, ob Sie nun nachdenken oder schreiben. Überhaupt sind alle Übungen zum Ab-
ändern geeignet für den Fall, dass Ihnen eine andere Variante
mehr entspricht. Wenn Sie ungern zeichnen, entwerfen Sie
eben im fünften Kapitel kein Storyboard, sondern notieren nur
Regieanweisungen. Und vielleicht ist die eine oder andere
Übung lediglich eine Anregung, die Sie zum Entwerfen Ihrer
eigenen Übung inspiriert.

Kaum jemand verlässt gern seinen Wohlfühlbereich. Um sich
jedoch zu entwickeln, muss man gerade die schwierigen Gefühle aushalten oder gar aufsuchen. Deshalb zwingen uns
manchmal äußere Umstände aus dem Wohlfühlbereich in eine
Erschütterung, die dann eine Entwicklung kräftig anschiebt.
Auch mit diesem Buch haben Sie die Chance, solch einen
Schub zu machen, nicht zuletzt mithilfe einer Denkweise, die
die Endlichkeit des Lebens einbezieht. Dafür benötigen Sie innere Stärke.

Die folgenden sieben Hinweise helfen Ihnen, diese Stärke aufzubringen – und das war's dann auch schon weitgehend mit
den Tipps in diesem Buch:

1. Stellen Sie sich auf unkonventionelles Denken ein. Wenn
   Sie sich mit einem Thema beschäftigen, das gemeinhin noch

häufig tabuisiert wird, so bringt Sie das in eine Position, die jedenfalls keine Mitläuferhaltung ist. Gegen den Strom zu schwimmen kann anstrengend sein, aber nur so kommt man zur Quelle. Überprüfen Sie, ob Sie etwas tun, nur um sich anzupassen.

2. Erkunden Sie Ihre Beweggründe, wenn Sie an einem bestimmten Punkt des Buches nicht mehr weiterwollen. Denn oft sind gerade die schwierigen Stellen die besonders entwicklungsfördernden.

3. Lernen Sie, schwierige Gefühle auszuhalten und in Ruhe zu betrachten, anstatt sie gleich wegzudrängen.

4. Spucken Sie den Schnorchel weg und steigen Sie in einen Taucheranzug. Verlassen Sie die Oberfläche. Sinken Sie auf der Suche nach Ursachen und Zusammenhängen bewusst in die Tiefe.

5. Kultivieren Sie das Alleinsein. So gelangen Sie möglicherweise in eine Tiefe, die Sie im Zusammensein mit anderen Menschen kaum erreichen würden. Vermutlich werden ohnehin nicht viele Menschen bereit sein, mit Ihnen über Endlichkeitsthemen zu sprechen.

6. Werden Sie langsam und bleiben Sie langsam. Versuchen Sie nicht, angesichts der eigenen Endlichkeit rasch noch möglichst viel zu erledigen.

7. Setzen Sie zumindest ab und zu eines der besten Mittel ein, die es gegen Angst und Melancholie gibt: Humor.

Die Frau vom Buffet, von der ich Ihnen eingangs erzählt habe, traf ich zwei Monate später noch einmal. Sie lief mir auf einem Bahnsteig über den Weg.

»Sie haben mir doch von diesem Buch erzählt, das Sie schreiben. Bitte nehmen Sie mich in Ihren E-Mail-Verteiler auf, und benachrichtigen Sie mich, wenn es erscheint. Das ist so ein wichtiges Thema, das kann man nicht zwischen Tür und Angel besprechen.«

Sie kramt eine Weile in ihrer Handtasche. Als sie mir die Visitenkarte reicht, lacht sie etwas schief. Ich nehme die Karte und stecke sie ein, ohne wie sonst erst einen Blick darauf zu werfen.

»Dann war wohl bei der Veranstaltung für Sie nicht der richtige Rahmen, um weiter darüber zu sprechen?«

»Nein, wahrlich nicht. Das Thema ist zu wichtig, ich muss mich damit allein beschäftigen. Zu Hause auf meinem Sofa. Dort werde ich Ihr Buch lesen.«

»Tut mir leid, dass ich Sie an dem Abend damit überrumpelt habe.«

Sie lächelt fein. »Ist ja nichts schiefgegangen.«

Im nächsten Moment dröhnt sie mit ihrem Rollkoffer über den Bahnsteig davon.

Ich freue mich. Das Tabu verliert seine Kraft. Ihre Abwendung am Buffet war keine Abwehr gewesen. Nur der Rahmen stimmte nicht. Es wird eben nicht am Buffet oder an der Straßenecke über das Wesentliche und die Endlichkeit des Lebens gesprochen. Und da wird das Thema vielleicht auch nie hingehören, jedenfalls nicht in absehbarer Zeit und nicht für die meisten Menschen. Die Frau hat recht, es gehört eher aufs Sofa. Und dort wünsche ich Ihnen viel Freude und tiefe Erkenntnis mit diesem Buch. Auf dass Sie täglich wesentlicher leben.

Empfehlungen zum Lesen

Über den Rand der Welt. Roman von Ulli Olvedi. Als die Protagonistin Nora erfährt, dass sie nicht mehr lange leben wird, blickt sie auf ihr Leben zurück und nimmt bewusst Abschied.

Auf der Jagd nach dem Tageslicht: Wie mit meinem bevorstehenden Tod ein neues Leben begann. Aufzeichnungen der letzten Lebensmonate des 53-jährigen amerikanischen Managers Eugene O'Kelly, der – sein Lebensende nah vor Augen – innerhalb kürzester Zeit seinen Wunsch nach persönlicher Ganzwerdung verwirklicht.

Die Kunst des Sterbens. Bernhard Sill, Professor für Moraltheologie, zeigt in seinem Buch, wie die Anerkennung des unumgänglichen Todes eine Grundbedingung der Kunst des Lebens ist, im Sinne einer Kunst, die »aufs Ganze geht«. Er bezieht sich dabei an vielen Stellen auf wichtige Autoren und Denker aus drei Jahrtausenden. Ein Zitat der spanischen Mystikerin Teresa von Ávila aus dem 16. Jahrhundert gefällt mir besonders gut: »Sein Leben ganz leben/seine Liebe ganz lieben/seinen Tod ganz sterben.«

1. Der Fluss – Überblick gewinnen

In diesem Kapitel überblicken Sie Ihren Lebenslauf, überdenken herausragende Ereignisse und erkennen in der Gesamtschau Zusammenhänge und neue Ausblicke. Sie entwickeln ein Lebenszeitgefühl, in dem auch der Abschluss Ihres Lebens seinen Platz findet.

Im Mai 2007 machen sich in einer der raren Schönwetterperioden die Teams vom Basislager auf den Weg zum Gipfel des höchsten Bergs der Erde. Kälte, zehrender Wind, Sauerstoffmangel: Reicht die Kraft? Irgendwie steigen sie trotzdem weiter, vorangetrieben von sich selbst und den anderen im Team. Schließlich der Gipfelblick über die Welt. An dem Punkt des Abstiegs, an dem die gefährlichsten Passagen überwunden sind, werden die Bergsteiger in 5600 Metern Höhe von dem Fotografen Jozef Kubica porträtiert. Es sind Bilder entstanden, die die Tiefe der Erfahrung widerspiegeln, »Faces of Everest«. Als ich die Fotos zum ersten Mal in einer Zeitschrift sah, war ich tief beeindruckt von der Kraft und dem mal fröhlichen, mal wilden Stolz, der aus den Gesichtern spricht: »Ja, ich habe es geschafft! Ich lebe, ich bin stark. Ich bin!«, scheinen die Menschen dem Betrachter zuzurufen. Und heute denke ich: So sollten auch Menschen aussehen, die auf ihr eigenes Leben zurückblicken.

»Was? Ich soll mein Leben malen?« Peer ruckelt an seiner Krawatte, als ich ihm in einer Coachingstunde vorschlage, den Verlauf seines Lebens als Fluss darzustellen. Er arbeitet als Projektmanager bei einem Autohersteller und kämpft seit längerem mit Sinnlosigkeitsgedanken, die sein Leben überschatten. Schleichend freudlos ist er darüber geworden. Aber da ist noch mehr, was ihm Kraft raubt: Er frisst seinen Ärger in sich hinein, wenn ein Kollege gemeinsame Erfolge als die eigenen ausgibt. Und wächst der Druck in einem Projekt, zieht er sich zurück und versucht, alles allein zu stemmen. Den Kontakt zu seinen Mitarbeitern verliert er dann. Ende dreißig, ist er auf den ersten Blick ein schneidiger Geschäftsmann, auf den zweiten ein sensibler Introvertierter.

»Ja, probieren Sie doch mal. Hier ist die ideale Gelegenheit zum Experimentieren, und so etwas machen Sie bestimmt nicht für sich allein«, versuche ich ihn zu überzeugen.

»Also gut, warum nicht? Ich versuch's«, sagt er und malt mit Farbstiften auf ein großes Papier. Zwanzig Minuten später stehen wir vor seinem Bild. Ein Fluss windet sich durch verschiedene Landschaften. Links sieht man die Quelle, die Peer auf einer Waldlichtung zwischen Baumwurzeln eingezeichnet hat. »Da war ich noch ein kleiner Junge, irgendwie wild und stark.« Er lacht. Was er damit verbinde, frage ich ihn. »Wir haben am Waldrand gewohnt. Ich war immer mit meinen Freunden unterwegs. Wir waren Waldläufer, verschworene Kämpfer.« Er erzählt von der Kraft, die er damals gespürt hat, von seiner Lust am Kämpfen, von der Verbundenheit mit seinen Freunden und seinen klaren Impulsen.

»Und? Wo ist diese Kraft heute in Ihrem Leben?«, frage ich.

»Gerade habe ich sie bei mir«, sagt Peer. »Mal sehen, vielleicht kann ich sie auch zur Arbeit mitnehmen.«

Drei Wochen später erzählt er in einer weiteren Coachingstunde etwas, was mich ungemein freut: Er kann tatsächlich an die Kraftquellen von früher anknüpfen, an die er sich beim Malen seines Lebensflusses erinnert hat. »Vor ein paar Tagen war ich mit meinen Mitarbeitern essen, weil das bisherige Projekt abgeschlossen ist und das neue ansteht. Der Abend war irre. Das war das Beste, was mir seit langem passiert ist. Ich habe eine Rede gehalten. Aus dem Stegreif. Über Teamgeist und wie wir gemeinsam etwas durchkämpfen können. Vielleicht zu romantisch, aber egal, die Stimmung war großartig, alle waren wie eingeschworen. Ja, zurzeit bin ich wieder verbunden mit dem, was mich früher ausgemacht hat.«

Peer kann glücklicherweise sehr direkt an sein ursprüngliches Lebensgefühl anknüpfen. Das klappt natürlich nicht immer so reibungslos. Und nicht für jeden ist der Blick zur Quelle der richtige. Für andere wirken eine Schlüsselsituation im späteren Leben oder der Blick in die Zukunft weitaus kraftvoller.

Deshalb malen und beschreiben Sie mit dieser ersten Übung auch Ihr Leben als Ganzes. Was Sie davon haben? Sie knüpfen an Ihre Stärken an, Sie erweitern Ihr Wissen über sich selbst und verbessern Ihr Selbstgefühl. Sie empfinden Ihre endliche Lebenszeit bewusster. Das ist die perfekte Grundlage, um in den nächsten Kapiteln andere Aspekte wie Ihr Wertesystem, Ihre Beziehungen oder Ihre Weisheit weiterzuentwickeln und sich zu fokussieren.

»Das kann ich nicht«, sagen meine Seminarteilnehmer, wenn ich Wachskreiden verteile und sie bitte, ohne jeden künstlerischen Anspruch ihre inneren Bilder aufzumalen. Und dann malen sie doch. Gerade die Mischung aus ungewohnter Tätigkeit, intuitivem Können und Anknüpfen an kindliches Tun eröffnet einen unverstellten Zugang zu inneren Bildern und lässt auf frischen Denk- und Fühlbahnen wandeln. Die Hirnforschung belegt, wie stark innere Bilder unser Denken, Fühlen und Handeln bestimmen. Wenn sie uns auch auf der Gefühlsebene berühren, verankern sie sich in unserem Gedächtnis. Rufen wir sie später ab, haben sie dieselbe emotionale Intensität und helfen zum Beispiel, sich in eine gute Stimmung zu bringen. Wir können innere Bilder auch als Richtschnur für unser Leben benutzen, indem wir einer starken Vision unserer Zukunft folgen oder uns einen großen Wunsch mithilfe eines Bildes immer wieder vergegenwärtigen.

Innere Bilder haben aber noch ganz andere Vorteile. Sicher kennen Sie das Computerprogramm »Google Earth«. Da blicken Sie erst aus dem Weltall auf die Erdkugel, dann rücken die Kontinente näher, umgrenzt von den leuchtenden Brandungslinien der Ozeane, schließlich nähern Sie sich Waldstücken, Feldern und Städten, bis Sie einzelne Bäume, Straßenzüge, dann Ihr eigenes Hausdach und die Krähe auf dem Mäuerchen erkennen. Ebenso können Sie wieder wegzoomen und

Ihre Perspektive in die des Außerirdischen zurückverwandeln. Auch bei der Übung in diesem Kapitel wechseln Sie zwischen der Gesamtschau auf Ihr Leben und dem Blick auf Details. Die Gesamtschau verleiht Ihnen die Fähigkeit, wiederkehrende Muster und Herausragendes klar zu sehen. Ihre Sicht auf einzelne Schlüsselerlebnisse lässt Sie verstehen, warum Sie so und nicht anders geworden sind und warum Sie so und nicht anders handeln.

Und gibt es ein Bild, das sich besser als das des Flusses eignet, um sich sein Leben zu vergegenwärtigen? Der Fluss – Inbegriff von stetiger Veränderung. Die Quelle – der Ursprung des Lebens. Die ersten Zuflüsse – wichtige Beziehungen. Biegungen, Strudel, Untiefen und Verzweigungen – die Wechselfälle des Lebens. Der Fluss wird breiter und tiefer – Reifen und Wachstum. Der Fluss mündet schließlich ins Meer, das nun Fluss und Meer zugleich ist – das Leben endet, geht in eine andere Form über, ist der Wasserdampf, der aufsteigt und Wolken bildet. Ist der Regen, der Hagel, der Schnee, der in den Bergen niedergeht, Stein und Erde sättigt, bis er als winzige Quelle aus dem Berg tritt.

»Wer andere kennt, ist gelehrt. Wer sich selbst kennt, ist weise«, liest man bei Konfuzius, dem großen Philosophen des alten China. Verstehen Sie Ihren Lebenslauf neu, und gewinnen Sie Erkenntnis und Weisheit.

Aufwärmen: Die Kerbe

*Sie benötigen einen geeigneten Stock oder etwas anderes Stock-
artiges, auf dem sich ein Zeitmaß abbilden lässt, etwa einen
Kochlöffel, einen Blumenstützstab, einen Zollstock oder ein Lineal.*

Vor der Übung in jedem Kapitel wärmen Sie sich erst einmal auf,
hier für die spätere Flussübung. Das Aufwärmen in diesem Kapitel
soll Ihnen dabei helfen, eine bewusste Haltung zu Ihrer bereits ver-
strichenen und der noch vor Ihnen liegenden Lebenszeit zu entwickeln. Die Funktion ist dieselbe wie die des Aufwärmens beim
Sport: Gut gedehnte, warme Muskeln arbeiten geschmeidiger. Hier
werden Ihre Gedanken, Ihre Gefühle und Ihre Intuition geschmeidiger. Am besten, Sie gehen dafür in den Wald. Oder Sie machen
einen kleinen Spaziergang in einem nahen Park, auf einem Friedhof
oder im botanischen Garten. Umgeben von Natur und herausge-
treten aus dem Alltag, fällt ein Anknüpfen an den Lauf allen Lebens
leichter. Falls Sie doch in Ihren Wohnräumen bleiben, gestalten Sie
für das Aufwärmen eine möglichst besondere Stimmung – vielleicht zünden Sie eine Kerze an und legen dezente Musik auf.
Wie in allen weiteren Kapiteln zeige ich die Übungsschritte zuerst
im Überblick und erkläre sie dann ausführlich.

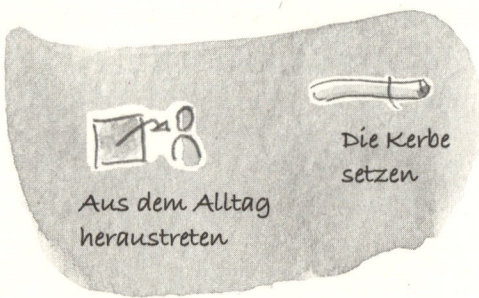

Aus dem Alltag
heraustreten

Die Kerbe
setzen

Aus dem Alltag heraustreten

- Wenn Sie in die Natur gehen, so sensibilisieren Sie Ihre Sinne für die Natureindrücke: Hören Sie die Amsel singen und die Maus im Laub rascheln? Sehen Sie die Blütenkätzchen an der Birke zittern? Spüren Sie den Wind auf Ihrem Gesicht? Riechen Sie den Erdgeruch, der vom Boden aufsteigt?
- Suchen Sie sich einen gerade gewachsenen Stock, der gut in Ihrer Hand liegt.
- Wählen Sie einen Baum aus, an den Sie sich gern lehnen möchten. Nehmen Sie die Ruhe wahr, die der Baum ausstrahlt.

Die Kerbe setzen

- Betrachten Sie den Stock in Ihrer Hand im Ganzen. Stellen Sie sich Folgendes vor: Dieser Stock steht für Ihr Leben. Auf der einen Seite beginnt Ihr Leben, es verläuft in der gesamten Länge, und am anderen Ende des Stocks endet es. Und nun die entscheidende Frage: Wo stehen Sie *jetzt* in Ihrem Leben? – Blitzantwort: Überlegen Sie nicht, sondern legen Sie spontan einen Finger auf die Stelle. Kerben Sie den Stock an dieser Stelle ein.
- Betrachten Sie das verbleibende Wegstück von der Kerbe bis zum rechten Stockende: Das ist der Lebensweg, der noch vor Ihnen liegt. Nehmen Sie wahr, welche Gedanken und Gefühle das in Ihnen auslöst. Denken Sie jedoch nicht abergläubisch, Sie hätten nun die Länge Ihres Lebens vorausgesehen – niemand kennt die Zukunft.

Mit dieser Aufwärmübung haben Sie etwas Wichtiges, aber nicht gerade Leichtes getan: Sie haben realisiert, wie begrenzt die Ihnen verbleibende Lebenszeit ist.

Die folgende Geschichte habe ich für Sie geschrieben, damit Sie sich noch ein wenig mehr auf die Ausnahmestimmung vorbereiten, die für die nachfolgende Flussübung förderlich ist. Denn Sie sollten Ihren eigenen Fluss des Lebens nicht »eben mal so« malen. Um mit allen Sinnen wach auf das eigene Leben zu blicken, nehmen Sie sich am besten eine Auszeit wie die Frau in der Geschichte. Aber lesen Sie selbst.

Stell dir vor …

Die Tinte floss satt auf den Karton, und sie beschrieb Karte um Karte mit den Namen der Gäste. Alles war genau richtig. Fünfzig Jahre Leben, diesmal wollte sie feiern. Gründe dafür gab es ja genug. Aber in die Vorfreude drängte sich das Klingeln des Telefons.

»Autofahren ist unmöglich? Ja, das dachte ich mir schon … Es gibt auch keine Taxis? Oh, dann könnt ihr nicht kommen … Nein, ich bin nicht traurig.«

Vor ihrem Küchenfenster trieben Eisflocken, in den Fensterritzen summte der auf- und abflauende Sturm. Das Telefon klingelte wieder. Und wieder. Ja, dass die Busse und Bahnen nicht mehr fuhren, hatte sie schon im Radio gehört. Beim übernächsten Klingeln las sie den Namen ihres Freundes im Display. Seine Stimme knallte viel zu laut an ihr Ohr, als er ihr zurief, dass sein Flieger festsitze, dass es ihm leidtue und dass er morgen früh einen Flug erwische, wenn er Glück habe. Danach noch zwei SMS und drei Anrufe. Es wurde langsam zur Routine.

»Nein, nicht so schlimm, wir feiern nach … Einsam? Du weißt doch, ich bin gern allein. Und der viele Schnee ist so schön, das gab es lange nicht mehr. In der Grundschule hatten wir mal schneefrei.«

Schließlich hatten alle abgesagt, und der Abend breitete sich leergelaufen vor ihr aus. Sie stellte das Telefon in die Ladestation, schaute aus dem Fenster und sah dem Schneetreiben über den menschenleeren Flächen zu. Sonst schlief sie um die Zeit längst, heute war sie nicht einmal müde. Sie hatte feiern wollen, um sich mit den anderen zu freuen. Dass sie alle noch da waren. Dass sie selbst noch da war, im fünften Jahr nach der Diagnose. Trotz und nach der Krankheit. Fünf Jahre überleben: Das war ihr Ziel gewesen. Sie hatte es geschafft.

Und dann klingelte es an der Wohnungstür. Ein Nachbar aus dem Haus? Sie öffnete. Draußen stand ein kleiner Mann mit rostbraunem Mantel und Filzkappe, unter der rötliche Haare leuchteten. Er maß höchstens einen Meter fünfzig. Mit O-Beinen und einem Buckel stand er da. Der Buckel zwang seinen Kopf ein wenig nach unten, so dass er ungefähr auf Ihre Oberschenkel blickte.

»Nimm das hier«, knarrte der Mann mit einer Stimme, die klang, als würde Eisen gegen Holz raspeln. Er drehte den Kopf zur Seite und legte ihn schräg, um sie anzusehen. Er hob die Hand mit knorrig hervortretenden Gelenken aus den Mantelfalten. Die Finger umschlossen eine Papierrolle. Sie griff die Rolle. Die Hand wanderte zurück in den Mantelfilz und zog ein Paket hervor, das in speckigen Wollstoff gewickelt war und von einem dicken, grauroten Gummiband zusammengehalten wurde.

»Die Anleitung liegt im Tuschkasten. Guck nicht so aus der Wäsche, du hast mich doch erwartet.« Der Mann trat nah an sie heran. Sie wich zurück. Seine Augen blitzten jetzt böse unter den buschigen Brauen.

»Und mach das heute Nacht. Wenn nicht, wäre das mindestens so dumm, wie du guckst. Jetzt nimm schon, ich muss weiter! Meine Güte, so schwer von Kapee!«

Sie öffnete ihre Finger, als ob sie eingerostet wären, und schloss sie um das Paket. Der kleine Mann drehte sich herum, so dass sein Mäntelchen schwang, und rumpelte die Treppe hinunter. Sie schlich zum Treppengeländer und spähte durch die Lücke an der Windung des Geländers. Stand er ein Stockwerk tiefer und klingelte auch dort? Sie lauschte, hörte nichts. Das Päckchen zog ihre Hand nach unten, in der anderen Hand rieb das grobe Papier gegen ihre Handfläche. Sie trat in die Wohnung zurück und schloss die Tür ohne Geräusch.

Am Küchentisch packte sie aus. Der Tuschkasten war mit einer Kruste aus Farbschichten belegt. An einigen Stellen war sie abgeblättert. Die Kästchen mit den Blau- und Grüntönen waren bis auf den Grund ausgehöhlt, nur am Rand standen noch Tuschefelsen. In der Mitte des Kastens lag ein Pinsel, der ebenso bunt wie der Kasten aussah, dessen Spitze sich aber fein verjüngte. Neben den beiden Farbleisten klemmte ein Zettel. War das die Anleitung, von der das Männchen gesprochen hatte? Sie griff danach. Das Papier hing wie ein Lappen zwischen ihren Fingern, es musste bereits vielfach auf- und wieder zugefaltet worden sein. Sie las zwei Zeilen in Schreibmaschinenschrift.

Es ist Zeit. Sieh dir dein Leben an.
Male deinen Fluss des Lebens.

Sie starrte auf die grauen Buchstaben. Was soll das nun? Was ist hier überhaupt los? Dieser seltsame Kauz, ziemlich frech. Aber was soll's? Ich bin ja ohnehin hellwach.

Draußen leuchtete weiter das Schneetreiben. Sie entrollte das große Papier. Es war leer. Sie füllte ein Glas mit Wasser, tränkte den Pinsel und rührte ihn zuerst in den grünen Farbresten.

Die Nacht ging dahin, und das Bild wuchs.

Am Morgen klingelte es wieder. Sie erwartete den kleinen Mann. Doch diesmal stand ein anderer vor der Tür. Sie sah ihn bis zum Hals, sein Kopf war hinter dem oberen Türrahmen verborgen.

Ein Hauch umwehte ihn, der nach abgestandener Höhlenluft roch. Sie starrte auf seine Plattfüße. Er knickte mit den Knien ein, wodurch sein Kopf unter den Querbalken und damit in ihr Blickfeld geriet.

»Haben Sie das Bild fertig? Entschuldigen Sie meinen Kollegen von gestern Abend. Er pflegt seine Extravaganz. Geben Sie mir den Kasten.« Er streckte seine Hand mit fleischigen Fingern aus. Sie ging in die Küche, faltete den Anleitungszettel zusammen, legte ihn zurück in den Tuschkasten, wickelte den Wollstoff darum und zog das Gummiband darüber. Sie wandte sich um und prallte gegen den Riesen. Er war hinter ihr in die Küche getreten und betrachtete ihr Bild. Sie spürte Empörung aufwallen. »Na, hören Sie mal!«, wollte sie sagen. Er hob seine unförmigen Hände und lächelte schief. Ihre Empörung versackte, und sie reichte ihm das Päckchen. Er ging vor ihr zur Tür und bog seinen Kopf unter dem Türrahmen durch. Die Stufen stieg er hinab, ohne sich zu verabschieden. Doch auf dem nächsten Treppenabsatz hielt er inne und sagte einen Satz, ohne den Kopf zu ihr zu wenden: »Sie wissen doch, wie Sie Ihre Zukunft wollen. Dann können Sie es auch hinmalen.«

»Was fällt Ihnen ein?«, wollte sie rufen. Aber dann hielt sie den Mund. Sie ging hinein und setzte sich auf einen Stuhl.

Aus dem Alltag
heraustreten

Die Kerbe
setzen

Inneres
Bild finden

Den Fluss malen

Erweitern und
beschriften

Sätze formulieren

Resümee
ziehen

Die Übung: Ihr Fluss des Lebens

Sie benötigen Papier im Großformat, etwa ein Flipchart-Papier oder die Rückseite eines Posters; weiterhin Farben zum Malen, zum Beispiel Wachskreiden oder Tuschfarben.

Für die folgende Übung gestalten Sie am besten eine ähnlich entrückte und alltagsferne Stimmung, wie die Frau in der Geschichte sie erlebt hat. Die Übung ist die Grundlage für alles Weitere in diesem Buch und dient weniger dazu, konkret etwas im Alltag zu verändern – dazu finden Sie in den folgenden Kapiteln noch genügend Anregungen. Hier geht es eher um umfassendes Verstehen. Es ist eine umfangreiche Übung mit anspruchsvoller Gefühlsarbeit, und Sie werden vermutlich mehr als eine Stunde Zeit dafür benötigen. Besser noch nehmen Sie sich gleich vor, die Übung über einen längeren Zeitraum hinweg zu bearbeiten und wirken zu lassen – etwa eine Woche oder einen Monat.

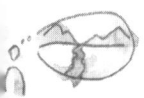 ## Inneres Bild finden

- Schaffen Sie sich eine Situation, in der Sie ungestört und frei von Alltagsgedanken arbeiten können. Vielleicht halten Sie sich einen Sonntag komplett frei von Verabredungen, Telefonaten und sonstigen Vorhaben. Oder Sie sagen einen ungeliebten Abendtermin dafür ab und lassen sich vom Italiener an der Ecke ein ungewöhnliches Essen bringen. Oder Sie legen Ihre Lieblingsmusik auf, von der Sie wissen, dass Sie Ihnen hilft, zu sich selbst finden.
- Schließen Sie kurz die Augen, und finden Sie ein inneres Bild Ihres Lebenslaufs als Fluss. Eine flüchtige Idee reicht – der Rest kommt beim Malen.

- Wählen Sie einen Blickwinkel, der Ihnen passend erscheint: Sind Sie selbst Teil des Flusses, befahren Sie Ihren Fluss mit einem Boot, stehen Sie auf einem Steg, oder blicken Sie aus der Vogelperspektive auf Ihren Lebensfluss hinab?

 ## Den Fluss malen

- Nehmen Sie Ihre Malfarben und das große Blatt Papier. Malen Sie den Fluss Ihres Lebens. Malen Sie großflächig, denn später benötigen Sie noch Platz für Ergänzungen. Bewerten Sie sich beim Malen nicht, und malen Sie ruhig kindlich.

 ## Erweitern und beschriften

- Zeichnen Sie zusätzliche Bildelemente für Lebensereignisse und Besonderheiten ein, und beschriften Sie sie, etwa mit kurzen Kommentaren, Stichworten, Ausrufen oder erzählenden Elementen. Nehmen Sie beim Beschriften immer die erste Formulierung, die Ihnen in den Sinn kommt. Durch die Beschriftungen verbinden Sie Ihr intuitiv gemaltes Bild mit dem rationalen Teil Ihrer selbst. So wächst eine ganzheitliche Sicht. Die folgenden Fragen können Sie als Anregung nutzen, aber Ihnen fallen vielleicht auch andere oder weitere ein, die genau zu Ihrem Leben passen.

Höhepunkte
- Welche Turbulenzen und Krisen haben Ihr Leben geprägt?
- Wo sehen Sie entscheidende Richtungswechsel?
- Wo finden Sie Hochphasen besonderen Glücks, großer Liebe und tiefer Verbundenheit?

- Was ist das absolute Highlight Ihres bisherigen Lebens?
- Wo haben Sie voller Kreativität und Begeisterung etwas geschaffen?
- Was sind Ihre größten Erfolge, auf die Sie stolz sein können? Im Beruf, in Beziehungen, in Ihrer geistigen und emotionalen Entwicklung?

Zuflüsse und Hindernisse
- Welche Zuflüsse haben Ihren Fluss erweitert? Das können wichtige Menschen sein, die dazu beigetragen haben – oder dies noch heute tun –, dass Sie sich weiterentwickeln: Familienmitglieder, Freunde, Liebespartner, Kinder, fernere Vorbilder. Das können auch Werke sein, die Sie geschaffen haben, oder starke andere Einflüsse.
- Wofür sind Sie heute dankbar?
- Wer und was hat Ihnen in schweren Zeiten geholfen?
- Wo gibt es Hindernisse im Flusslauf: Was und wer hat Sie gehemmt, geschwächt, betäubt oder verletzt?

Eine Seminarteilnehmerin erinnerte sich zum Beispiel daran, wie ihr Bruder in ihr Leben trat, und beschriftete einen Zufluss zu ihrem Fluss: »Und kaum bin ich da, kommt auch schon mein kleiner Bruder, charmant, süß, der Prinz, von allen geliebt, gehätschelt. Außer von mir.«

Wesenszüge und Rollen
- Wie waren Sie zu Beginn Ihres Lebens? Wie können Sie sich mit diesen ursprünglichen Wesenszügen wieder verbinden?
- Wie würden Sie einem Freund oder einer Freundin Ihre besonderen Charakterzüge beschreiben? Was ist das einzigartig Schöne bei Ihnen? Was macht Sie aus?
- Was mögen Sie bei sich selbst überhaupt nicht, wenngleich

Sie möglicherweise ahnen, dass es zu Ihnen gehört? Das ist Ihr Schatten. Wenn man seinen Schatten akzeptiert, wächst man dadurch und wird vollständiger. Diesen Schatten aber kann man nicht so leicht aufspüren. Ein Weg ist deshalb, dass man beobachtet, was man bei anderen Menschen überhaupt nicht mag oder gar bekämpft. Das kann ein Hinweis sein: Die Großspurigkeit des Kollegen ärgert jemanden so, weil er sich eigentlich auch gern groß fühlen würde, es sich aber nicht zugesteht. Oder andersherum: Was bewundern Sie bei anderen besonders? Das unkonventionelle Denken oder die Unbekümmertheit eines Freundes? Ist das vielleicht etwas, was selbst zu leben Sie sich nicht vorstellen können, obwohl Sie ahnen, dass es möglich sein könnte? Also: Wer nervt Sie, wen mögen Sie überhaupt nicht, wen bekämpfen Sie, wen bewundern Sie übermäßig? Könnten Sie diese Eigenschaften als Teil Ihrer Person akzeptieren und auf Ihre Art leben?

- Welche verschiedenen Rollen haben Sie im Lauf Ihres Lebens eingenommen? Etwa die Rolle des Anführers, der großen Schwester, des Familienversorgers, der Angepassten, des Revoluzzers und so weiter. In jedem sozialen Zusammenhang nehmen wir eine bestimmte Rolle ein: beruflich und privat, in der Kindheit, Jugend, Ausbildung, in Krankheits- und Gesundheitsphasen, in Partner-, Eltern- und Großelternschaften.

Lernthemen und Muster
- Was haben Sie anlässlich von Krisen, Konflikten und anderen prägenden Ereignissen jeweils gelernt und weiterentwickelt? Wie sind Sie dadurch gereift? Was davon können Sie für die nächste Krise nutzen?
- Welche Gesetzmäßigkeiten, Muster, immer wiederkehrende Verhaltensweisen und Situationen erkennen Sie?

Ein Klient formulierte das einmal so: »Spätestens nach drei Jahren Beziehung provoziere ich jedes Mal eine Trennung.« Und: »Ich beginne bei einer neuen Arbeitsstelle immer hochmotiviert, und dann verliere ich bald die Lust.« In solchen Mustern liegen wichtige Schlüssel für Ihre persönliche Entwicklung.

Zukunft
— Wie sieht Ihre Zukunft aus?
— Was geschieht mit Ihrem Fluss, also Ihrem Leben, wenn Sie sterben? Geht der Fluss ins Meer über? Sind Sie dort allein oder mit anderen? Ist da ein Gefühl von »Ende«, oder geht es weiter?

 ## Sätze formulieren

Manchmal spuken einem im Alltag Sätze im Kopf herum, mit denen man ein Erlebnis oder sein Tun kommentiert, zum Beispiel »So ein Unsinn, was du da gerade erzählst«, »Ich muss immer alles perfekt machen« oder »Ich bin eben ein Pechvogel«. Das sind Beispiele für destruktive innere Stimmen. Sie können unser Leben prägen und uns am freien Wachstum hindern, wie etwa bei einem meiner Klienten, dessen Erfolgsverhinderer-Satz lautete: »Ich werde nie wirklich erfolgreich sein.« Nach und nach verstand er, warum er zwar als Selbständiger enorm hart arbeitete, aber immer wieder herbe finanzielle Rückschläge einstecken musste. Um solche Glaubenssätze zu verändern, gilt allgemein: Das Bewusstmachen ist immer der erste Schritt. Das aber ist oft gar nicht so leicht, denn häufig »sind« wir diese Sätze, sie sind Teil des Selbst und damit nicht identifizierbar. Sobald Sie solche Glaubenssätze bemerken, trennen Sie sich von ihnen. Sie aufzuschreiben kann dabei ebenso helfen wie darüber zu sprechen. Im nächsten Schritt können Sie die Sätze verändern, zum Beispiel, indem Sie sie konsequent unterbinden und durch konstruktive ersetzen. Der Klient mit dem Erfolgsverhinderer-Satz etwa sagte sich: »Schritt für Schritt gehe ich meinen ganz eigenen Weg.«

- Schreiben Sie in Ihr Bild also Sätze an die Orte, die dafür passen. Das können alte, destruktive Sätze sein, aber auch neue, konstruktive. Schreiben Sie wieder so spontan wie möglich.

Erster Kommentar
Stellen Sie sich vor, Sie könnten am Tag Ihrer Geburt Ihr zukünftiges Leben kommentieren. Welcher Satz kommt Ihnen spontan in den Sinn? Schreiben Sie den Satz an den Beginn Ihres Lebensflusses. Dazu ein paar Beispiele von Klienten: »Er wird andere begeistern«, »Sie wird immer geliebt werden« oder »Er wird eigenwillig durch sein Leben gehen«.

Stammrolle
Sie befinden sich immer noch am Tag Ihrer Geburt: Stellen Sie sich vor, Ihre Eltern legen eine soziale Rolle für Sie fest – die Stammrolle. Was formulieren Mutter und Vater, jeder für sich? Schreiben Sie auch diese Sätze an den Beginn Ihres Lebensflusses. Dazu ein Beispiel von einer Klientin, die ihrer Mutter folgende Stammrollensätze zuschrieb: »Meine Tochter soll immer lieb, fröhlich und nett sein. Sie soll mein Augenstern sein, Trost für alles andere. Sie soll fleißig und klug sein und die erfolgreiche Architektin werden, die ich nicht werden durfte.«
Verfassen Sie jetzt eine zweite Stammrolle: Formulieren Sie die Rolle um, die Ihre Eltern damals geschrieben haben. Die Architektin schrieb zum Beispiel: »Ab heute ist sie nicht mehr die Nette. Sie wird wütend, wenn es sein muss. Sie ist stark geworden und geht unbeirrt ihren Weg.«

Rückblick

Springen Sie nun in der Vorstellung kurz einmal in die Zukunft, ans Ende Ihres Lebens. In einem Satz: Was sagen Sie direkt vor Ihrem Tod rückblickend über Ihr Leben? Auch hierzu ein paar Beispiele: »Es war ein glückliches, reiches, schöpferisches Leben voller Vielfalt, Hochflüge und Abstürze«, »So viel Quälerei«, »Alles ist gut so, wie es ist«, »Ich hätte weniger arbeiten sollen«.

 ### Resümee ziehen

• Am Schluss der Übung betrachten Sie Ihren Fluss noch einmal in Ruhe. Finden Sie für Ihren Lebenslauf einen Titel. Hier sehen Sie ein paar Beispiele, die Sie zu eigenen Titelideen anregen mögen: »Die Abenteuerfahrt«, »Der gegen den Strom schwimmt«, »Geborgen bei den Menschen«, »Die überall Liebe findet«, »Trotzdem!«.

Sie sind am Ende der ersten Übung angekommen und haben in diesem Buch den ersten, großen Schritt hin zu mehr Wesentlichkeit getan. Das ist keine Kleinigkeit. Wenn Sie – mit Ihrem Leben wie mit der Übung – bis hierher gelangt sind, so können Sie mindestens so stolz sein, als hätten Sie den Mount Everest bestiegen!

Verstehen

Als ich einmal meinen Lebensfluss malte, fand ich mein Bild merkwürdig und nicht gerade kunstvoll. Der Fluss startete schwächelnd, es gab weiße Stellen, wo keine sein sollten, und ein See, der eine tief glückliche Zeit kennzeichnen sollte, wirkte flach. Das Papier wellte sich. Ich verglich es mit anderen

Lebensflussbildern und hätte schlechter nicht abschneiden können. Wegwerfen? Ich legte es vorerst auf meine Kommode. Und dann, als ich während der nächsten Tage daran vorbeilief, begann es mir ans Herz zu wachsen. Ich habe es aufgehoben. Aus einem einzigen Grund: Es ist *mein* Fluss des Lebens. Kein anderer könnte so sein wie dieser. Das reicht. Und genau das kann die Gesamtschau auf das eigene Leben auch bei Ihnen bewirken: Sie macht stolz. Sie macht selbstbewusst.

Manche erschauern angesichts dessen, was sie schon alles gelebt haben. Die Sicht auf das eigene Leben kann auch Angst machen oder an der einen und anderen Stelle traurig oder wehmütig, weil Sie in Kontakt mit schmerzlichen Seiten Ihrer Lebensgeschichte kommen. Oder Sie geraten in andere unangenehme Gefühle, etwa wenn Sie sich an eine Situation erinnern, in der Sie ungerecht behandelt wurden oder selbst unfair waren. Versuchen Sie, diese Gefühle wahrzunehmen, auszuhalten und sie als einen Teil Ihres Innenlebens besser kennenzulernen, anstatt sich gleich davon zu entlasten. So üben Sie sich in innerer Stärke und erleben sich als Herr oder Herrin Ihrer Gefühle. Und das wiederum macht stark.

Wenn Sie sehen, wie einzigartig und sinnvoll Ihr Lebenslauf *mit* all seinen Merkwürdigkeiten und Dramen ist, dann lohnt es, sich seiner immer wieder zu erinnern. Eine meiner Klientinnen sagte einmal: »Ich hole das Bild vor mein inneres Auge. Dann weiß ich wieder: Das bin ich – das ist mein Leben, ich werde es schätzen und nicht verleben.« Verleben: in die falsche Richtung, am Wesentlichen vorbeileben, das eigene Leben vertun. Um Ihr Leben nicht zu verleben und stattdessen so umfassend wie möglich zu wachsen, benötigen Sie eine besondere Fähigkeit: Krisenkompetenz. Je detaillierter Sie zurückliegende Krisen und schwere Lebensereignisse auswerten, um aus ihnen zu lernen, umso mehr Möglichkeiten gewinnen Sie, um produktiv mit zukünftigen Krisen umzugehen. In die nächste Krise gehen Sie gestärkt, innerlich größer und sicherer auf dem richtigen Weg. Und genau dabei hilft das Bild des Lebensflusses.

Aber Achtung: Ein bewegter Lebenslauf allein ist noch keine Garantie für Lebensklugheit und innere Stärke. Kritische Lebensereignisse sind lediglich Anker, an denen Sie Ihre Erkenntnisse festmachen können. Ob Sie Krisen nutzen oder den Anker achtlos hinter sich hertreiben lassen, entscheiden Sie. Und diese Entscheidung fällt oft schwerer, als man erst meint. Denn unser autobiographisches Gedächtnis passt sich an das an, wie wir unser Leben von *heute* aus gern sehen würden. Jeder von uns verändert und formt seine Lebenserinnerungen. Das ist ganz normal. Es gibt nämlich keine eindeutige Wahrheit. Selbst Zwillinge, die gemeinsam aufgewachsen sind, erzählen ganz andere Dinge aus ihrem Leben und gemeinsam Erlebtes auf andere Weise.

Unsere Lebenserinnerungen formen wir dabei je nach Selbstbild: Manch einer streicht die eigene Verantwortung aus seiner Geschichte, erfindet ein paar zusätzliche Gemeinheiten und inszeniert sich als Opfer – übrigens eine sehr beliebte Strategie. Jemand anders löscht alle Misserfolge aus seiner Erinnerung, bis er strahlend erfolgreich dasteht. Opfer der Umstände, makelloser Erfolgsmensch – auf den ersten Blick mag es angenehm sein, sich so zu sehen. Auf den zweiten ist es eher langweilig, oder? Durch Schönfärben verschleudern Sie ein riesiges Entwicklungspotenzial. Denn gerade, wenn Sie schwierige Erfahrungen nochmals anschauen, analysieren, einordnen, in Beziehung zu anderen Erlebnissen setzen und Ihre Schlüsse für die Zukunft daraus ziehen, entwickeln Sie sich weiter und gewinnen Weisheit.

Es gibt aber noch eine andere Möglichkeit, wie Sie Ihr Leben gewinnbringend betrachten können. Da verdrängen und erfinden Sie nicht, sondern Sie stellen auf neue Bereiche scharf. Da sehen Sie das, was Sie bisher zu wenig wertgeschätzt haben. Zum Beispiel die seltenen, aber dafür besonders kostbaren Momente der Nähe zum Vater, nicht mehr nur die Vernachlässigung durch ihn, mit der Sie bisher gehadert haben. Das Jahr der Arbeitslosigkeit als Chance für wichtige Suchbewegungen. Die Krankheitsphase als Zeit der Besinnung. Für Zurückliegendes wie für die Gegenwart gilt: Die Umstände können Sie nur begrenzt bestimmen. Wohl aber, wie Sie sich darin fühlen und wie Sie sie bewerten. Sie entscheiden, ob Sie Ärger, Neid, Geringschätzung empfinden wollen – oder lieber Gleichmut, Dankbarkeit und innere Ruhe. Und selbst wenn Ihnen etwas zustößt, müssen Sie nicht sagen: »Wie schrecklich, so eine Gemeinheit!« Sondern Sie können sagen: »Ein Anlass. Was kann ich aus dieser Situation lernen? Was ist meine Aufgabe? Welchen Sinn sehe ich darin?«

»Der lebt jetzt aus«, sagte man früher in Süddeutschland, wenn das Kind fragte, warum der Opa nicht mehr zum Essen aus seiner Stube komme und nur noch im Bett liege. Den »großen Sprung« nennt Ulli Olvedi das Sterben in ihrem Roman *Über den Rand der Welt*. Als »Hinübergehen« beschreibt es der Dichter Rainer Maria Rilke, der sich zeitlebens intensiv mit Tod und Sterben auseinandergesetzt hat. Die Kerbe im Stock: Finden auch Sie stimmige Worte für dieses kaum Aussprechbare, und freunden Sie sich mit dem Gedanken an die eigene Endlichkeit mehr und mehr an. Und möglicherweise wird der Gedanke mit der Zeit gar zur Bereicherung, wie etwa für Wolfgang Amadeus Mozart: Im Alter von 31 Jahren beschreibt er seine Gedanken an den Tod in einem Brief an seinen Vater als »Schlüssel unserer wahren Glückseligkeit«. Einen Ausschnitt aus dem Brief finden Sie am Kapitelende.

Als ich vor langer Zeit das erste Mal einen Stock nahm und

meine Kerbe am rechten Ende setzte, erschrak ich. Sollte das bedeuten, dass ich nicht mehr lange lebe? Natürlich nicht, denn ich kann nicht in die Zukunft sehen; offensichtlich nicht, denn ich lebe noch immer. Schrecken hin oder her: Heute fühle ich mich immer öfter hingegeben an das, was kommt. Zu dieser Grundhaltung will ich so oft wie möglich zurückkehren: Wenn heute mein letzter Tag ist und ich morgen sterben muss, dann ist das in Ordnung. Wenn ich in dieser Weise denken und fühlen kann, bin ich geerdet, friedlich und habe angedockt an ein Gefühl der Sicherheit und des Aufgehobenseins im Fluss des Lebens. Eben deshalb bereitet es mir auch große Freude, dieses Buch zu schreiben. Ich glaube, man muss keine Angst vor dem Sterben haben, wenn man sein Leben erfüllt lebt. »Erfüllt« bedeutet für jeden etwas anderes, und dieses Buch soll Ihnen dabei helfen, Ihre persönliche Bedeutung dieses Wortes zu erkunden.

Und was kommt hinter dem Ende des Stocks? Kommt überhaupt etwas danach? Was glauben Sie? Dieses Buch kann ein Anlass sein, darüber nachzudenken, mit anderen darüber zu sprechen, darüber zu lesen. »Mach wieder/Wasser aus mir/Strömen will ich/im Strom/ins Meer/münden«, schreibt Rose Ausländer in ihrem Gedicht »Wieder II«. Und in dem Film »Nokan. Die Kunst des Ausklangs« findet der alte Mitarbeiter des Krematoriums schlichte Worte für seine Vorstellung vom Tod: »Wissen Sie, wenn man so lange hier ist wie ich, kommt man ins Grübeln, dass der Tod vielleicht nur ein Tor ist und dass das Sterben auch nicht das Ende bedeutet. Man geht hindurch und weiter bis zum nächsten. Es ist bloß ein Tor, bloß ein Tor.«

Empfehlungen zum Sehen und Lesen

Faces of Everest. Die vielbeachtete Porträtserie des Fotografen Jozef Kubica zeigt erschöpfte, verstörte, überglückliche Gesichter von Menschen, die eben vom Gipfel des Mount Everest zurückgekehrt sind. Aus ihnen sprechen die Tiefe der Erfahrung und das Glück, die Herausforderung gemeistert zu haben. Sie mögen Sie anstecken mit ihrem Stolz, den auch Sie auf Ihr eigenes Leben empfinden können. Alle Fotos finden Sie auf der Website des Fotografen: www.jozefkubica.com.

Brief an den Vater vom 4. April 1787. Wolfgang Amadeus Mozart schrieb 1787 im Alter von 31 Jahren in einem Brief an seinen Vater: »Da der Tod, genau zu nehmen, der wahre Endzweck unseres Lebens ist, so habe ich mich seit ein paar Jahren mit diesem wahren, besten Freunde des Menschen so bekannt gemacht, daß sein Bild nicht allein nichts Schreckendes für mich hat, sondern recht viel Beruhigendes und Tröstendes! Und ich danke meinem Gott, daß er mir das Glück gegönnt hat, mir die Gelegenheit zu verschaffen, ihn als Schlüssel unserer wahren Glückseligkeit kennen zu lernen. Ich lege mich nie zu Bette, ohne zu bedenken, daß ich vielleicht, so jung als ich bin, den andern Tag nicht mehr sein werde. Und es wird doch kein Mensch von allen, die mich kennen, sagen können, daß ich im Umgange mürrisch oder traurig wäre. Und für diese Glückseligkeit danke ich alle Tage meinem Schöpfer und wünsche sie von Herzen jedem meiner Mitmenschen.«

Die Aufzeichnungen des Malte Laurids Brigge. Rainer Maria Rilke findet in seinem Roman eindringliche Bilder für ein Bewusstsein, das Leben und Tod als Einheit begreift und Würde und Stolz ausstrahlen lässt: »Und was gab das den Frauen für eine wehmütige Schönheit, wenn sie schwanger waren und standen, und in ihrem großen Leib, auf welchem die schmalen Hände unwillkürlich liegen blieben, waren zwei Früchte: ein Kind und ein Tod. Kam das dichte, beinah nahrhafte Lächeln in ihrem ganz ausgeräumten Gesicht nicht davon her, daß sie manchmal meinten, es wüchsen beide?« Und an anderer

Stelle: »Früher wusste man ... daß man den Tod *in* sich hatte wie die Frucht den Kern. Den hatte man, und das gab einem eine eigentümliche Würde und einen stillen Stolz.«

Der seltsame Fall des Benjamin Button. Spielfilm von David Fincher. Benjamin und Daisy leben ihre Lebenszeit in entgegengesetzten Richtungen. Benjamin wird im Laufe seines Lebens körperlich immer jünger und stirbt schließlich als vergreistes Baby in den Armen seiner gealterten Geliebten. Der Film ist ein Meisterwerk über die Unausweichlichkeit, mit der wir auf den Tod zugehen, über eine ungewohnte Sicht auf die Lebenszeit und über eine sich lebenslang wandelnde Liebe.

2. Die Ozeanfahrt – Werte gewichten

In diesem Kapitel finden Sie heraus, was Ihnen im Leben etwas wert ist. Gut geeicht, leitet Sie der Kompass Ihrer wichtigsten Werte bei Entscheidungen und bei allem, was Sie tun. Sie stehen zu Ihren Idealen und sind sich Ihrer Würde bewusst.

Samstagmorgen: Sie haben gerade Brot und Waschpulver gekauft und gehen gemütlich heim. Da kommt ein Filmteam aus einer Seitenstraße und steuert – o Schreck – direkt auf Sie zu. Eine quirlige junge Frau erklärt Ihnen, für welchen Fernsehsender das Filmteam arbeitet. Ein Mann mit Vollbart und Zopf hält Ihnen ein befelltes Mikrofon vor den Mund, eine Handkamera ist auf Sie gerichtet, das Lämpchen blinkt. »Welche drei Werte sind Ihnen am wichtigsten in Ihrem Leben?«

Falls Ihnen nicht sofort etwas einfallen sollte, so befinden Sie sich in bester Gesellschaft mit den meisten anderen Menschen. Denn obgleich wir ständig bewerten und Werte unser Tun massiv beeinflussen, so wirken sie doch eher untergründig und sind uns als entscheidende Größe oft gar nicht bewusst. Dennoch sind unsere Lebensziele durch unsere Werte geprägt, ist unsere Sicht auf die Welt durch sie gefärbt, sind sie der Kompass, mit dessen Hilfe wir unseren Lebensweg gehen. Diesen Kompass immer neu zu eichen wird wichtiger. Denn immer weniger finden wir selbstverständlich gemeinsame Regeln und Werte vor – weder bei unseren Freunden noch bei einer politischen Partei oder der Kirche. Die Vielfalt möglicher Denk-, Bewertungs- und Lebensformen wächst beständig. Und dabei baut sich jeder sein eigenes Wertesystem zusammen und sucht sich gleichgesinnte Menschen über Alters-, Einkommens- und Staatsgrenzen hinweg.

Das Filmteam täte gut daran, seinen Interviewpartnern erst einmal zu erklären, was überhaupt unter Werten zu verstehen ist. Werte sind unsere tiefsten Überzeugungen, Ideale und Einstellungen. Sie sind der Maßstab für unser Denken, Reden und Handeln. Sie sind Teil unseres Gewissens. Sie sind das Fundament, auf dem wir das Haus unserer Identität aufbauen. Sie sind der Motor, der uns antreibt und motiviert. Und sie sind die Fenster, aus denen wir schauen, wenn wir Entscheidungen treffen und andere Menschen und uns selbst bewerten. Das folgende Beispiel zeigt, wie wichtig Werte sind, um schwierige Entscheidungen zu treffen – und wie schwer es auch *mit* einem Wertekompass fallen kann, den für sich selbst stimmigen Weg zu finden.

Schnelle Affären haben Maria noch nie interessiert. Sie liebt ihren Mann, sonst wäre sie nicht mit ihm zusammen. Wer sollte da heranreichen?, hat sie früher gedacht. Doch inzwischen denkt sie anders, hadert damit jedoch immer wieder. Das ist auch der Grund, warum sie sich zu einem Coaching durchgerungen hat, wenngleich sie nicht gern über sich spricht: Die 53-jährige Managementassistentin führt seit neun Jahren neben ihrer Ehe eine heimliche Beziehung mit einem Kollegen aus einer anderen Abteilung. Verschwiegen, unauffällig und rücksichtsvoll. Ihren Ehemann liebt sie weiterhin. Einerseits ist sie seit neun Jahren glücklich wie nie zuvor, und auch ihr Mann profitiert von ihrer Freude. Andererseits quält ihr schlechtes Gewissen sie immer wieder so stark, dass sie manchmal meint, es zerreiße sie. Denn Ehrlichkeit und Aufrichtigkeit sind für sie wichtige Werte.

»Soll ich meinem Mann von der Beziehung erzählen?«, fragt sie sich mit einer gewissen Regelmäßigkeit. »Aber es würde ihn derart verletzen, warum sollte ich das tun? Nur weil ich gern ehrlich sein möchte? Wem würde diese Ehrlichkeit nützen? Vielleicht eher mir als ihm, indem ich mich von meinem schlechten Gewissen entlaste. Aber mein Mann wäre fortan gequält von Eifersucht und Kränkungsgefühlen. Es würde die Beziehung zerstören.«

Maria erinnert sich an ein Gespräch mit ihrem Mann aus der Anfangszeit ihrer Beziehung: »Er sagte damals, er wolle nicht wissen, was ich mit anderen Männern schon erlebt hatte.« Heute versteht sie dies als Hinweis. »Er hat mir klar zu verstehen gegeben, dass er von mir da nichts zugemutet bekommen will.« So fühlt Maria auch eine Verantwortung dafür, ihren Mann nicht unnötig zu verletzen und ihn vor quälenden Gefühlen zu schützen. Doch diese Verantwortung ist wiederum in ihrer Wertehierarchie nicht weit genug oben angesiedelt, um sich von dem Mann aus der Nebenbeziehung zu lösen. »Dann wäre ich unehrlich zu mir selbst. Ich würde etwas von mir abtrennen, das mir zutiefst lieb und teuer ist. Das würde auch die Beziehung zu meinem Mann vergiften.«

Maria macht es sich nicht leicht. Sie befragt immer wieder neu ihr Gewissen und stellt dabei fest, wie unhinterfragt sie manche Werte und Grundsätze bisher mit sich herumgetragen hat: Ehrlichkeit, Treue, Offenheit, Verantwortung, Schutz, Liebe, Freiheit. Sie hat nie gedacht, dass sie jemals in eine Dreiecksbeziehung geraten würde. Bis es dazu kam, war die Welt recht einfach für sie gewesen. Die Entscheidung fiele Maria auch jetzt noch leicht, würde sie den Wert der Treue weiter wie bisher auslegen: Treue als absolute Liebe in Gedanken und in Taten zu *einer* Person. Doch jetzt bezieht sie Treue nicht mehr nur auf ihren Ehemann. »Wie kann ich mir treu bleiben, wenn ich einen Teil von mir abschneide? Und bin ich nicht trotz einer zweiten Liebesbeziehung meinem Mann treu, weil ich ihn weiter – und sogar stärker als zuvor – liebe? Und bezieht sich Treue inzwischen, nach Jahren der Beziehung, nicht auch auf den anderen?«

Je bewusster wir uns mit unseren Werten auseinandersetzen, desto leichter können wir zu Entscheidungen finden, die stimmig und tragfähig sind. Eine junge Frau, für die Freiheit, Abenteuer und Unabhängigkeit hohe Werte darstellen, wird sich auf Dauer in einer international agierenden Firma mit flachen Hierarchien wohler fühlen als in einer Bankfiliale, in der sie minimale Entscheidungsspielräume und eine zwar freundliche, aber kontrollierende Chefin hat. Sie entscheidet sich also für die Suche nach einem neuen Job. Ein Absolvent, für den Sicherheit und Geborgenheit wichtige Werte darstellen, würde sich in der Bankfiliale vermutlich wohl fühlen und kann sich deshalb leicht dafür entscheiden.

Oft fehlt uns der gut geeichte Kompass, an dem wir unser Leben ausrichten können. Denn die Kompassnadel schlägt bei jedem anders aus. Selbst den Wertekanon unseres hochgeschätzten Vorbilds können wir nicht einfach kopieren. Werte verändern sich zudem durch das, was man erlebt, aber auch durch das Werteempfinden der Menschen in unserem Umfeld. Deshalb beschäftigen Sie sich in diesem Kapitel mit Ihren Werten, sortieren und gewichten: Welche Werte wollen Sie aufrechterhalten und betonen, welche sind überkommener Ballast aus Ihrem Elternhaus oder aus anderen früheren Lebenszusammenhängen und Beziehungen? Welche Werte haben Sie bewusst gewählt? Welche wirken unbewusst – und stärker, als Ihnen möglicherweise lieb ist? Mit diesen Fragen erarbeiten Sie sich Ihre persönlichen Entscheidungshilfen.

Wenn Sie Ihre wichtigsten Werte leben, fühlen Sie sich mit sich selbst im Einklang, Sie leben stimmig. Wer geprüfte, selbst entwickelte und gefestigte Werte lebt, lässt sich auch nicht unnötig von anderen Menschen oder Modeströmungen beeinflussen. Sie drehen sich nicht mit dem Wind und mit dem, was andere tun; Sie stehen fest.

Und neben dem Feststehen entwickelt sich noch etwas anderes, wenn Sie sich mit dem Thema »Werte« beschäftigen, das ich besonders bedenkenswert finde: Ihre Weisheit. Weise Menschen wollen verstehen statt verurteilen. Und wenn Sie eigene und fremde Wertesysteme unterscheiden und einschätzen können, verstehen Sie vor diesem Hintergrund leichter die Beweggründe, warum Menschen so oder so handeln. Das nennt sich Werterelativismus und hilft dabei, andere Menschen nicht zu verurteilen – und ebenso wenig an der Fremdartigkeit und dem vermeintlich verachtenswerten Verhalten anderer Menschen zu verzweifeln.

Mehr über Weisheit erfahren Sie in dem Kapitel »Die letzte Vorlesung«. Jetzt können Sie sich erst einmal ein wenig aufwärmen, indem Sie Ihre Wertebiographie ergründen, bevor Sie später Ihre wichtigsten Werte herausfinden.

Aufwärmen: Ihre Wertegeschichte

Sie benötigen Schreibmaterial und den Lückentext in diesem Kapitel, den Sie sich auch von meiner Website www.ulrike-scheuermann.de herunterladen können.

Für das Aufwärmen machen Sie eine Bestandsaufnahme der Werte, die Sie geprägt haben und die heute noch von Bedeutung für Sie sind. Sie finden die Wurzeln Ihrer Werte. Für diesen Einstieg sind Sprichwörter eine ergiebige Quelle: »Erst die Arbeit, dann das Vergnügen«, »Hochmut kommt vor dem Fall«, »Über Geld spricht man nicht – Geld hat man« oder »Von nichts kommt nichts«. Wir kennen sie alle: diese und viele andere Sprüche, die uns durch unsere Kindheit begleitet haben und die zwischen den Zeilen von den dahinterliegenden Wertesystemen erzählen.

Sätze vervollständigen

Sätze vervollständigen

Nehmen Sie ein Blatt Papier zur Hand, und vervollständigen Sie die folgenden Sätze, indem Sie bei allen Auslassungspunkten sofort aufschreiben, was Ihnen in den Kopf kommt. Denn die ersten Impulse kommen meist direkt aus Ihrem Unbewussten und sind noch nicht durch den Filter der Selbstzensur gelaufen. Sollten Ihnen manche Ihrer Notizen merkwürdig erscheinen, so markieren Sie sie einfach mit einem Sternchen und suchen später nach neuen Antworten.

- In meiner Familie habe ich oft den Ausspruch oder das Sprichwort … gehört.
- Für meinen Vater war das Wichtigste im Leben: …
- Meiner Mutter war das Wichtigste im Leben: …
- Von meinen Großeltern kenne ich folgende Aussprüche: …
- In meiner Kindheit war das Wichtigste für mich: …
- … habe ich sehr bewundert, weil er/sie … war.
- Bei der Arbeit heute ist mir besonders … wichtig.
- In meinem Privatleben möchte ich …
- Besonders beeindruckt es mich, wenn jemand … ist.
- Mich selbst bewerte ich als …
- Die Würde des Menschen besteht für mich darin, dass …
- Heute ist mir das Wichtigste im Leben …

Mit dieser Aufwärmübung haben Sie sich dem Thema Ihrer Werte angenähert und können sich nun mit der folgenden Geschichte in die richtige Stimmung bringen, um anschließend Ihre Werte zu gewichten.

Stell dir vor …

»Meine lieben Gäste, lassen Sie uns hören, was Ihnen am wichtigsten in Ihrem Leben ist. Ich bin gespannt und lausche voller Neugier. Denken Sie daran: Genau sieben Werte sollen es sein.«
Der Kapitän schwankte kaum sichtbar hinter seinem Stuhl, griff nach der Rückenlehne und ballte die andere Faust um den Stiel seines Rotweinglases. Er trank, ohne abzusetzen, und wischte mit dem Ärmel seiner Jacke über den Vollbart. Im Stoff blühten jetzt rote Spuren.
Gregor versuchte, das Wesen des Kapitäns zu fassen zu bekommen, aber es entwischte ihm ständig aufs Neue. Da war die dick aufgetragene Sorge um die Gäste und diese Wachheit, die Gregor nervös machte: Sogar nachts steuerte der Kapitän die Hochseejacht selbst, nie wirkte er müde. Gregor witterte etwas Abgründiges unter der zuvorkommenden Fassade. War es eine seltene Form von Aggressivität? Oder Unersättlichkeit?
Sonst spürte Gregor noch die verborgensten Strebungen seiner Gesprächspartner auf. Wenn er mit jemandem redete, trat er ihm arglos gegenüber, öffnete sich, ließ alles vom anderen auf sich einströmen. Dass er die Menschen, die ihm dadurch vertrauten, beeinflussen und lenken konnte, wusste er, und er fühlte die Verantwortung. Er versuchte, seine Fähigkeit nicht zu missbrauchen. Dass ihn das bis ins Topmanagement eines der größten internationalen IT-Konzerne gespült hatte, war ihm nur recht. Aber jetzt: Warum hält der Kapitän einer Hochseejacht mitten auf dem Atlantischen Ozean eine Rede über Werte, ethische Grundsätze und richtiges Verhalten? Und wieso hören die anderen so brav zu? Gregor schob widerwillig sein Dessertschälchen zur Seite und griff nach einem Blatt des weitergereichten Papierstapels. Eine Werteliste erstellen?
»Ist das hier ein Captain-Special-Workshop oder was? Ich dach-

te, wir essen gemütlich zu Abend.« Sein Sitznachbar reagierte nicht auf Gregors Flüstern und tat konzentriert. Auch die anderen Kollegen und seine Chefs vertieften sich in die Aufgabe, die ihnen der Kapitän gestellt hatte. Der wiederum saß am Kopf der Tafel, leckte sich die Lippen und ließ seinen rastlosen Blick schweifen, bis er bei Gregor hängenblieb. Gregor suchte nur eine halbe Sekunde in der Schwärze dieser Augen nach einer Antwort. Dann senkte er den Blick auf sein Papier und begann zu schreiben. Er schrieb siebenfach über das Wichtigste in seinem Leben, als bliebe ihm nicht mehr genug Zeit.

Der Abend ging unspektakulär zu Ende. Gregor gähnte und gähnte. Die Kollegen zerstreuten sich und wanderten zu ihren Kajüten. Einer der Chefs klopfte ihm kurz auf die Schulter, aber er schaute dabei gegen die Wand und wirkte fahrig und müde. Bald stieg Gregor zwischen seine Decken mit der feinen Damast-Bettwäsche. Er versuchte, an gar nichts zu denken. Das Papier mit seinen sieben Werten ließ er zusammengefaltet auf dem Nachttisch liegen.

Drei Stunden später umklammerte er die Reling. Von der Seite knallte ihm der Regen ins Gesicht. Er sah, wie die Tropfen waagerecht mit der Sturmluft davonrasten, angestrahlt von der Festbeleuchtung der Glühbirnen an Deck. Die weiße Geländerstange rutschte unter seinen zittrigen Fingern hindurch, und die Lackspitzen zerfetzten die oberste Hautschicht seiner Handflächen. In dem stillen Moment zwischen zwei Brechern trat eine gewisse Erleichterung ein, dann schüttelten neue Krämpfe seinen Magen, und wieder sah er dessen Inhalt nach, der seitlich ins schwarze Wasser davonflog. Weiter hinten hingen seine Kollegen über der Reling. Warum bloß habe ich mich auf diese Ozeanfahrt eingelassen? Man hätte auch auf einem Schloss in den Bergen tagen können. In diesem Moment traf ihn eine Wassermauer von rechts und schleuderte ihn über die Holzplanken des

Decks. Er fühlte noch, wie er mit der rechten Schädelhälfte gegen eine Kante prallte.

Als er zu sich kam, war es leise um ihn. Vorbei? Nein, der Sturm hatte nur Atem geholt, bevor er weiterdonnerte. Gregor war jetzt ganz ruhig. Das hier war kein Spaß mehr. Es war kaum zu fassen, aber jetzt ging es ums Überleben. Er dachte an seine Kinder.

Atemgeräusche keuchten für einen Moment über seinem Ohr. »Los, komm mit. Du kannst hier nicht liegen bleiben!« Gregor wollte die Augen öffnen, etwas sagen. Aber vor ihm blieb es schwarz, und seine Stimme steckte im Kehlkopf fest wie in einem schlechten Traum. Er wurde am Arm gerüttelt. »Der Kapitän hat gesagt, das ist ein Jahrhundertsturm. Wir müssen hier weg!«

Der andere kroch weiter, und Gregor raffte sich auf. Ein Stoß erschütterte den Schiffskörper, und die Planken stöhnten wie ein Mensch. Jetzt sah Gregor am anderen Ende des Decks vor dem wütenden Meer eine Gruppe von Leuten. Einer nach dem anderen verschwanden sie aus seinem Blickfeld. »Sie verlassen das sinkende Schiff«, dachte Gregor, und da hatte er seine Stimme zurück. »Wartet«, brüllte er. »Ich bin noch hier.« Aber keiner achtete auf ihn. Als er an der Stelle ankam, an der die Strickleiter hinter der Bordwand hinabbaumelte, sah er sie alle in einem Rettungsboot mit hohen Seitenwänden sitzen. Einer trocknete sich die Haare mit einem Tuch. Schon fast gemütlich sah es dort aus. Die Strickleiter schlenkerte über den Wellen, das Boot war schon ein Stück abgetrieben.

»So wartet doch«, Gregor hörte seine Stimme lächerlich schrill und heiser gegen den Sturm. Hören sie mich denn nicht? Ich bin doch direkt über ihnen. Da sah er den Kapitän. Der erhob sich langsam, während er zu ihm hochstarrte. Im Zeitlupentempo paddelte er mit einem Brett, so dass das Boot schließlich wieder unter die Strickleiter geriet. Gregors Bauchmuskeln lockerten sich. Er begann den Abstieg. Als er kurz über Bootshöhe angelangt war, spürte er die reibende Stimme des Kapitäns an seinem Ohr. »Ihre Werteliste von gestern Abend. Einen Wert. Das ist der Preis.« Und Gregor verstand. Das war die Gier, die er gestern bei dem Kapitän gespürt hatte. Er ist ein Werteesser. Er nutzt den Sturm, um satt zu werden. »Einen Wert!«, brüllte der Kapitän durch das Sturmtosen. Gregor ratterte im Kopf seine Werteliste durch. Sie sind alle wichtig, alle sieben. Ich kann keinen hergeben. Das Boot trieb wieder ab. Einen von sieben muss es doch geben. Welchen kann ich verschmerzen? Ja, diesen. Er schrie ihn über die Schulter in den Sturm, Richtung Kapitän. Die Bootswand schob sich unter die Leiter. »Springen Sie!«

Im Boot war es trocken. Die anderen saßen abgewandt, keiner beachtete ihn. Die Jacht verschwand zwischen Wellenbergen. Brecher brandeten an die Wände des Rettungsboots, die Schlingerbewegung wurde mittlerweile vertraut. Und Gregor nickte ein. Als der Kapitän ihn schließlich unvermittelt schüttelte, schreckte er hoch. »Los, machen Sie schon, Sie haben verpennt. Alle anderen sind längst von Bord.«

Das Rettungsboot war mit einem Frachter vertäut. Eine Eisenleiter führte hoch zum Deck. Oben schauten Männer in gelben Jacken über die Reling, die Kapuzen weit ins Gesicht gezogen. Gregor griff nach der ersten Leitersprosse. Wieder rieb die Stimme an seinem Ohr. »Dachten Sie, dass Sie hier mir nichts, dir nichts raufsteigen können? Ich bekomme noch einen Wert.« Diesmal wusste Gregor schon, welchen er abgeben konnte. Irgendwie würde es auch ohne ihn gehen. Ein Schmerz zog durch seine Brust, als er ihn weggab. Das freudlose Lachen des Kapitäns übertönte für einen Moment das Sturmgebrüll.

Noch zweimal musste Gregor mit einem Wert für sein Leben bezahlen. Der Schmerz, als er die beiden weggab, war ungleich größer als bei den beiden anderen zuvor. Danach entschied er, dass er keinen weiteren mehr verkaufen würde. Als der Kapitän ihm in der übernächsten Morgendämmerung dann den Weg von der Gangway ans Land versperrte, blickte Gregor ihm gerade in die Augen und sagte mit fester Stimme: »Sie bekommen gar nichts mehr.«

In dem Moment sah der Kapitän aber überhaupt nicht mehr gierig aus. Vielmehr grinste er und trat mit einer übertriebenen Verbeugung zur Seite. Gregor schritt den Betonweg entlang, der vom Wasser wegführte. Irgendwo würde er auf Häuser, normale Menschen und Wärme treffen. In seinen Schürfwunden an den Händen und im Gesicht pochte das Blut. Das erste beleuchtete Gebäude war ein Hafencafé. Mit ein paar Geldstücken aus seiner Hosentasche bat er um eine Telefonverbindung. Als er die Stimme seiner Frau hörte, wusste er, dass er das Richtige bewahrt hatte.

Die Übung: Ihre wichtigsten Werte

Sie benötigen die Werteliste, die Sie in diesem Kapitel finden oder von meiner Website www.ulrike-scheuermann.de herunterladen können, sieben Karteikarten oder sieben Papiere, am besten in verschiedenen Farben, sowie sieben verschiedenfarbige Stifte.

Zum Glück sind Sie nicht in Gregors misslicher Lage. Und dennoch: Wie würden Sie entscheiden, wenn ein wertegieriger Kapitän vor Ihnen stünde und Wert oder Leben forderte? Welche Ihrer wichtigsten Werte könnten Sie notfalls aufgeben angesichts des drohenden Todes? Welche drei aber würden Sie behaupten, koste es, was es wolle? Machen Sie sich bereit für eine Übung, in der Sie wie Gregor wohl oder übel einige Entscheidungen treffen und Liebgewonnenes gehen lassen müssen, um am Schluss umso reicher dazustehen.

Sätze vervollständigen

Aus der
Werteliste
wählen

7 wichtige
Werte auswählen

Werte
beschreiben

Die wichtigsten
3 Werte finden

Werte in den Alltag
mitnehmen

Im Folgenden finden Sie ein weites Spektrum möglicher Werte, Tugenden, wichtiger Lebensthemen und Grundhaltungen in einer Liste versammelt. Das sind also Werte in der weitesten Bedeutung. Ich möchte nur nicht jedes Mal schreiben »Themen, die Ihnen in Ihrem Leben wichtig sind«, deshalb benutze ich den Begriff »Werte«, auch wenn nicht alles Werte im engeren Sinn sind.

- Schauen Sie sich in aller Ruhe die Werteliste an, und wählen Sie erst einmal alles aus, was Sie spontan anspricht – so viel, wie Sie möchten. Markieren Sie Ihre Auswahl, wenn Sie wollen.

Abenteuer	Aufrichtigkeit
Aktivität	Ausdauer
Ansehen	Ausgeglichenheit
Arbeit	Authentizität
Askese	Autonomie
Barmherzigkeit	Besonnenheit
Begeisterung	Beständigkeit
Beharrlichkeit	Beziehung
Berühmtheit	Bildung
Bescheidenheit	
Dankbarkeit	Disziplin
Demokratie	Durchhaltevermögen
Demut	
Ehre	Eleganz
Ehrlichkeit	Engagement
Einfachheit	Enthaltsamkeit
Einzigartigkeit	Erfolg
Einfluss	
Familie(nsinn)	Fleiß
Fairness	Fortschritt
Feindesliebe	Freigebigkeit

Freiheit
Freude
Freundlichkeit

Freundschaft
Frieden
Fürsorglichkeit

Gastlichkeit
Geben
Geduld
Genuss
Glück
Geborgenheit
Gegenseitigkeit
Gelassenheit
Gemeinschaft
Gemeinsinn
Genügsamkeit

Geradlinigkeit
Gepflegtheit
Gerechtigkeit
Gesundheit
Gewaltfreiheit
Gewissenhaftigkeit
Glaube
Gleichheit
Großzügigkeit
Grundrechte

Harmonie
Heiterkeit
Herkunft
Herzlichkeit

Hilfsbereitschaft
Höflichkeit
Hoffnung
Humor

Innovation
Identität

Individualität

Jugendlichkeit

Kraft
Kreativität

Klugheit

Langsamkeit
Lebendigkeit
Leidenskraft
Leistung

Lernen
Liebe
Loyalität

Macht
Maß
Menschenrechte
Menschlichkeit

Mitgefühl
Mitleid
Mitfreude
Mut

Nachhaltigkeit
Nächstenliebe

Natur

Opferbereitschaft	Ordnung
Persönlichkeitsentwicklung	Pragmatismus
Pflichtbewusstsein	Pünktlichkeit
Phantasie	
Redegewandtheit	Rücksichtnahme
Reichtum	Ruhe
Religion	Ruhm
Respekt	
Sanftmut	Selbstwert
Sauberkeit	Sexualität
Schaffensfreude	Sicherheit
Schenken	Sinn
Schnelligkeit	Solidarität
Schönheit	Sorgfalt
Selbstakzeptanz	Sparsamkeit
Selbstdisziplin	Spaß
Selbstfürsorge	Spiritualität
Selbständigkeit	Stärke
Selbstverwirklichung	Standfestigkeit
Tapferkeit	Tradition
Teamgeist	Treue
Toleranz	
Überlegenheit	Unbestechlichkeit
Umweltschutz	Unparteilichkeit
Unabhängigkeit	
Verantwortung	Verspieltheit
Vergnügen	Vertrauen
Verlässlichkeit	Vertrauenswürdigkeit
Vernunft	Verzeihen
Versöhnung	Vitalität
Wahrhaftigkeit	Weitblick
Wahrheit	Wohlstand
Wandel	Würde
Weisheit	

Zärtlichkeit   Zuverlässigkeit
Zivilcourage   Zuversicht
Zugehörigkeit

- Ergänzen Sie diese Werte bei Bedarf um weitere, die hier nicht aufgeführt sind.

Sieben wichtige Werte auswählen

- Wählen Sie nun in einem zweiten Durchgang die sieben Werte aus, die Ihnen momentan am wichtigsten sind.
- Schreiben Sie jeden dieser sieben Werte auf je eine Karte oder ein Blatt Papier.

Werte beschreiben

- Beschreiben Sie jeden Wert mit einem kurzen Text auf der Karte oder dem Papier. Beschreiben Sie den Wert so, wie Sie ihn einem älteren Kind erklären würden, das heißt so schlicht wie möglich.

Dazu ein Beispiel: »Ehrlichkeit: Ich will ehrlich sein gegenüber anderen, in jeder Situation, auch wenn ich eine Meinung vertrete, die alle anderen nicht teilen. Sogar, wenn ich dafür meinen Job riskiere, meine Sicherheiten oder mein Ansehen. Ich übe Kritik, wenn es sein muss (auf eine konstruktive Art, die der andere hören und eventuell annehmen kann), so unangenehm es auch für beide sein mag. Ich schone mich und andere nicht. Ich bin auch ehrlich mit mir selbst, also selbstkritisch.«

Die wichtigsten drei Werte finden

- Stellen Sie sich vor, Sie müssten wie Gregor in der Geschichte nach und nach einen Ihrer sieben Werte hergeben. Welchen würden Sie notgedrungen zuerst opfern? Welchen als Nächstes? Welchen dann? Und welchen schließlich noch?
- Wenn Sie sich nicht entscheiden können, stellen Sie sich vor Ihrem inneren Auge eine Waagschale vor, in die Sie jeweils einen Wert legen: Auf welcher Seite sinkt in Ihrer Vorstellung die Waagschale nach unten?

Nun sind Sie bei Ihren drei allerwichtigsten Werten angekommen. Für heute. Und auch wenn diese drei Werte voraussichtlich nicht immer gleich und gleich wichtig bleiben werden, stellt sich jetzt erst einmal die Frage: Wie holen Sie Ihre wichtigsten Werte ganz konkret in Ihr Leben und lassen Sie dort wirken?

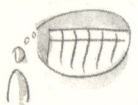

Werte in den Alltag mitnehmen

- Bewegen Sie die folgenden Fragen für eine Weile jeden Tag in Ihren Gedanken, oder schreiben Sie jeden Tag etwas dazu auf. Denken Sie dabei immer nur an einen Wert, sonst wird es vermutlich zu kompliziert. Vielleicht mögen Sie die Fragen auf eine Karte schreiben und so plazieren, dass Sie ab und zu daraufschauen können:
  - Wie habe ich mein bisheriges Leben diesem Wert gemäß geführt?
  - Vernachlässige ich diesen Wert? Wenn ja, warum?
  - Wie kann ich diesen Wert mehr leben?

- Nehmen Sie ein Blatt Papier und legen Sie es quer. Zeichnen Sie acht Spalten: In der Spalte ganz links tragen Sie Ihre drei wichtigsten Werte untereinander ein. In den weiteren sieben Spalten tragen Sie oben die Tage der Woche von Montag bis Sonntag ein. Nun notieren Sie, wie Sie an jedem Wochentag Ihre drei wichtigsten Werte leben wollen. So konkret wie möglich, anknüpfend an das Beispiel »Ehrlichkeit« von oben etwa so: »Mittwoch/Ehrlichkeit: Da treffe ich André zum Mittagessen. Ich werde ihm sagen, dass er manchmal nicht so freundlich über Andrea spricht. Sie ist immerhin seine Frau!«

Sie sind nun am Ende der zweiten Übung angekommen: Ihr Wertekompass ist neu geeicht, und ich wünsche Ihnen, dass Sie ihn im Alltag immer mal wieder aus der Tasche ziehen und sich damit auf Kurs bringen können – für Entscheidungen, für Ihr Verhalten und für Ihre Haltung gegenüber anderen Menschen; sei es in der Warteschlange des Supermarkts, im Gespräch mit einem Kunden oder bei der Frage, ob Sie den Job wechseln.

Verstehen

Werte entstehen nicht im luftleeren Raum. Sie werden über Generationen in der eigenen Familie weitergegeben und zudem durch unsere Gesellschaft, unsere Kultur und unseren Glauben geprägt. Sie haben sich deshalb beim Aufwärmen auf die Spurensuche nach den Ursprüngen der Werte begeben, die Sie im Lauf Ihres Lebens verinnerlicht haben und nach denen Sie heute vielleicht noch leben. Wenn Sie sie mit dem abgleichen, was Sie heute bewegt, so können Sie Ihre eigenen Werte leichter erkennen, gleich ob in Abgrenzung oder in Bestätigung des Wertes, der Ihnen vermittelt worden ist.

»Ohne Fleiß kein Preis« hat Emilia als Kind ziemlich oft zu hören bekommen. Fleiß, so suggeriert der Satz, ist die Voraussetzung für Erfolg und Belohnung. Und fleißig und gewissenhaft arbeitet Emilia heute offensichtlich. Dafür ist sie bei Kollegen und Vorgesetzten bekannt und geschätzt. Doch allzu oft fühlt sie sich von ihrer hohen Bewertung des Fleißes gegängelt. Manchmal würde sie lieber fünf gerade sein lassen, Aufgaben schneller abarbeiten und ihr Arbeitstempo je nach Priorität anpassen. Sie forscht weiter: Wer hat dieses »Ohne Fleiß kein Preis« eigentlich immer gesagt? Sie kommt schnell auf ihre Mutter. Emilia war nicht fleißig, und sie erledigte Hausarbeiten und andere Aufgaben eher »schludrig«, wie die Mutter das nannte. Sie fühlte sich dann jedes Mal schlecht und versuchte, fleißiger und ordentlicher zu sein. Die Mutter war ihr Vorbild, was Arbeit betraf, und als Kind fand Emilia alles richtig, was die Mutter ihr vorlebte. Doch als sie im Coaching den Satz »Ich bin fleißig« ausspricht, kann sie ihn nicht bejahen. Sie merkt, wie wenig der Satz zu ihr passt und wie unwichtig sie ihn eigentlich findet. Schließlich kommt sie zu dem Schluss, dass sie Fleiß auf ihrer Werteskala nach unten stufen möchte. Im Tausch für zwei andere, die nun aufrücken können: Schnelligkeit und Kreativität.

Die wichtigsten Werte zu leben verlangt, andere Werte in den Hintergrund treten oder ganz ziehen zu lassen. Meist geschieht dies jedoch gar nicht mal unter großen Trennungsschmerzen, sondern eher unauffällig. Unwichtigeres verblasst wie von selbst und verliert seine Kraft. Später blickt man zurück und denkt: Das war mir mal so wichtig? So ist es oft mit Kaufwünschen. Gute Verkäufer wissen: Der Kunde muss sofort kaufen, sonst ist das Interesse verloren. Die wenigsten kehren zurück, wenn sie darüber schlafen. Falls einer Ihrer Werte so leicht davonzieht wie einer dieser Eintagsfliegenwünsche, so taugt er nicht für Ihren Wertekompass, denn er hat nicht genug Kraft. Das können Sie im Alltag leicht überprüfen und damit weiter an Ihrer Wertegewichtung arbeiten.

Oft leben wir ganz anders, als es unseren Werten entspricht. Die Schere zwischen Wertevorstellung und gelebtem Leben klafft weiter auseinander, als es uns bei genauerem Hinsehen lieb ist. Dazu ein Beispiel: Ein erfolgreicher Akademiker und Familienvater arbeitet zwölf Stunden am Tag und sieht seine Kinder kaum, obwohl ihm seine Familie das Wichtigste im Leben ist. Er sagt zu mir: »Jetzt gerade nicht, aber bald wird es sich ändern, und dann habe ich mehr Zeit für meine Familie.« Ich kenne diesen Gedanken selbst gut genug, und dennoch – oder gerade deshalb – frage ich hartnäckig nach: »Wann wird es sich ändern? Und was heißt ›Es wird sich ändern‹? Müsste es nicht heißen: ›*Ich* werde es ändern‹?« Viel zu oft warten wir nämlich darauf, dass die äußeren Umstände uns einen Wechsel ermöglichen.

Und noch ein anderes Beispiel zu der Diskrepanz zwischen Werten und gelebtem Leben: Mit einem Klienten habe ich ein halbes Jahr daran gearbeitet, den eigenen Standpunkt besser zu vertreten, anstatt ewiger Jasager zu bleiben. »Wie ein Blatt im Wind« fühlt er sich häufig und leidet darunter. Aber dann wirft er eines Tages alles über den Haufen und stimmt einem potenziellen Neukunden bei seinen menschenverachtenden Theorien zu, als er mit ihm zu Mittag isst. Warum? Um einen äußerst lukrativen Auftrag zu bekommen. Und das, obwohl ihm Geld und Erfolg viel weniger wert sind als die Treue zu sich selbst. Psychologische Mechanismen haben ihn letztlich doch dazu verleitet, dem Kunden zuzustimmen. Hinterher fühlt er sich elend; ich dann auch, als er mir davon erzählt. Wären ihm beim Mittagessen seine Werte präsenter gewesen, hätte er seinem Gesprächspartner vielleicht doch mit Argumenten entgegentreten können, eventuell sogar das Gespräch abgebrochen –

und sich hinterher mit sich selbst im Einklang gefühlt. Den Auftrag hat er übrigens trotzdem nicht bekommen.

Wie kommt es immer wieder zu diesem Abstand zwischen Anspruch und Wirklichkeit? Warum lebt und handelt man nicht getreu seinen Vorsätzen? Es gibt viele Gründe. »Werte sind ein Luxusthema für Intellektuelle«, sagte mir einmal eine Klientin. »Ich bin schon froh, wenn ich mein Leben irgendwie auf die Reihe kriege.« Für sie wie für viele andere sind Werte offensichtlich etwas sehr Abstraktes, was nicht für die Alltagsbewältigung taugt. Dass sie trotzdem wirken, wenn die Klientin damit beschäftigt ist, ihr Leben »auf die Reihe« zu bekommen, ist ihr nicht bewusst. Werte werden aber auch aus Bequemlichkeit vernachlässigt: Nach den eigenen Werten zu handeln würde den normalen Ablauf stören. Oder die Werte sind doch nicht die eigenen, sondern übernommene, die gar nicht passen. Oder es stehen innere Hemmnisse dagegen: Manch einer ist nicht stark genug, seine eigene Meinung zu vertreten, wenn in einem Meeting fünf Kollegen und zwei Vorgesetzte den Kopf schütteln, während er redet. So viele Beweggründe auch noch dagegenarbeiten mögen: Mit der Übung in diesem Kapitel haben Sie Ihren Kompass zumindest schon einmal neu geeicht.

Mir ist noch ein anderes Thema wichtig, wenn wir über einen bewussten Umgang mit Werten nachdenken: der Stellenwert der eigenen Würde. Für wie wichtig halten Sie es, zu Ihren Werten zu stehen? Lohnt es sich, dafür einzutreten? In Würde zu leben heißt für mich, zu den eigenen Werten zu stehen, selbst wenn die äußeren Umstände dagegensprechen, ich Nachteile oder gar inneren und äußeren Schaden zu befürchten habe. Sophie Scholl, Mitglied der Widerstandsgruppe »Weiße Rose«, stand im Jahr 1943 als 21-Jährige auch nach mehreren Verhörtagen in der Münchner Gestapo-Zentrale fest zu ihren Überzeugungen. Sie argumentierte mit Gewissen,

Moral und Gott und deckte konsequent die anderen Mitglieder der Widerstandsgruppe – obwohl sie wusste, was ihre Standfestigkeit zur Folge haben würde; obwohl der Gestapo-Kriminalobersekretär Robert Mohr – so berichtet er zumindest später – ihr beim Verhör wiederholt Angebote gemacht hat, ihre Aussagen zu relativieren und sich damit vor dem drohenden Todesurteil zu schützen. Mohr vermerkt, wie beeindruckt er von der Charakterstärke war, mit der Sophie Scholl zu ihren Idealen und Überzeugungen stand. Sie hat ihre Werte und ihre Würde bis zuletzt bewahrt, selbst vor dem brüllenden Volksgerichtshof-Richter Roland Freisler, selbst vor der Guillotine.

Friedensnobelpreisträger wie Martin Luther King, Aung San Suu Kyi, Nelson Mandela oder Liu Xiaobo, aber auch unzählige Unbekannte überall auf der Welt – Sophie Scholl gehört zu den vielen Menschen, die würdevoll ihre Werte vertreten und für sie gekämpft haben. Mich berührt Sophie Scholls Geschichte besonders, weil sie noch so jung war, als sie sich – erst Mitläuferin – aus ihren Erfahrungen heraus gegen den Nationalsozialismus stellte. Mich beeindruckt sie auch deshalb besonders, weil sie schon so früh in ihrem Leben ihre Grundwerte klar benennen konnte.

Bei allem Nachdenken über individuelle Werte ist interessant, dass viele Werte allgemeingültig sind für alle Menschen auf der Erde. Werte- und Ethikforscher ebenso wie Wirtschaftspsychologen und Neurobiologen wissen, wie stark Fairness, Gerechtigkeitsgefühl, Kooperation und Einfühlungsvermögen das menschliche Verhalten prägen. Für die meisten gilt nach wie vor der Kant'sche kategorische Imperativ als Leitschnur: »Handle nur nach derjenigen Maxime, durch die du zugleich wollen kannst, dass sie ein allgemeines Gesetz werde.« Oder schlichter als »goldene Regel« formuliert: »Was du nicht willst, dass man dir tu, das füg auch keinem andern zu!« Das kann man zwar auch täglich auf der Straße, mit den eigenen Kindern oder bei der Arbeit überprüfen, dennoch ist es beruhigend, wissenschaftlich bestätigt zu bekommen, dass diese Werte tief im Menschen verankert sind und seinen Wesenskern ausmachen. Die Forschung untermauert damit ein Gegenbild zu dem, was die Medienberichterstattung mit ihren Schreckensmeldungen vielfach in unseren Köpfen entstehen lässt, mit Bildern von Krieg, Verbrechen, Demütigung und Ausbeutung.

Sie sind sich in diesem Kapitel Ihrer Werte bewusster geworden und haben sie gewichtet. Damit haben Sie einen eher rationalen Zugang kennengelernt. Je fester Sie nun Ihre Werte mit starken Gefühlen verknüpfen und im Handeln erproben, desto wirksamer werden sie sein. Das tun Sie im nächsten Kapitel: Sie denken darüber nach, was Sie noch *tun* wollen, falls Sie nicht mehr lange zu leben hätten.

Empfehlungen zum Sehen, Hören und Lesen

Sophie Scholl – Die letzten Tage. Spielfilm von Marc Rothemund, der die letzten Tage im Leben von Sophie Scholl schildert und überwiegend in der Münchner Gestapo-Leitstelle spielt. In den Verhören mit dem Gestapo-Beamten Robert Mohr können Sie teilhaben an der geistigen Stärke und Klarheit, mit der Sophie Scholl ihre Werte verteidigte.

Führen mit Werten. Coaching-Kompaktkurs des bekannten Benediktinermönchs Anselm Grün mit Worten und Übungsanleitungen, mit denen es sich ganz in Ruhe und tiefgehend über Werte und Tugenden nachdenken lässt. Am Schluss des Buchs wünscht Anselm Grün seinen Lesern für ihre Führungsaufgaben das, was man eigentlich nur jedem Menschen wünschen kann: »Ich wünsche dir, dass du mit deiner Führungsaufgabe die Menschen aufrichtest, ihnen die Augen öffnest für die innere Schönheit und den wahren Reichtum des Menschen.«

3. Die Frist – Den Fokus finden

In diesem Kapitel machen Sie sich mit der Vorstellung des eigenen Todes so vertraut, wie es möglich ist, und fragen sich dann, was Sie noch tun – und was Sie lassen wollen in Ihrem Leben. So fokussieren Sie sich auch im Handeln auf das Wichtigste.

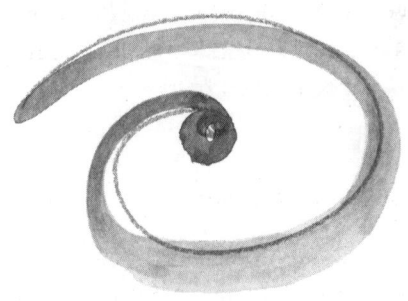

Alle paar Monate strahlt bei der Hamburgerin Sylvia ein Bild im Kopf auf, bevor es sich zwischen Gedanken an den bevorstehenden Tag verflüchtigt: Sie öffnet ein niedriges Holztor, geht auf ein kleines Haus mit leuchtend blau gestrichenen Fensterrahmen zu, und der Kies knirscht unter ihren Füßen. Sie sieht einen Garten mit Gemüse- und Blumenbeeten, und hinter dem Hausdach leuchten die Bergkuppen der Allgäuer Alpen in der Morgensonne. Bisher war das nicht mehr als ein Traum. Doch eines Tages eröffnet ihr Arbeitgeber in München eine Niederlassung. Sie könnte ihn fragen, ob … Aber die Wohnung mit Blick auf die Alster aufgeben? Mühsam ein neues Netzwerk aufbauen? Noch einmal ganz von vorn anfangen? Eine verrückte Idee. Sylvia verwirft sie. Zurück bleibt eine dumpfe Wehmut, die bald gnädig von den täglichen Aufgaben zugedeckt wird.

Sylvia lebt nicht fokussiert. Aber sie ahnt, was ihr Fokus sein könnte – ihr Traumbild ist ein Hinweis, aber sie traut sich noch nicht, dem nachzugehen.

In diesem Kapitel stelle ich Ihnen eine Übung vor, die Ihnen hilft, Ihren eigenen Fokus zu finden. Nach der Übung wissen Sie, was Sie in Ihrem Leben wirklich tun möchten. Zumindest wissen Sie es besser als vorher. Eine meiner früheren Klientinnen, Rachel, nutzte diesen Fokus sogar als Überlebensstrategie.

Sie kommt an einem verregneten Abend zum Beratungsgespräch, auch wenn sie wie viele andere Depressive mit Antriebslosigkeit kämpft. Ich bin beeindruckt von ihrer Art, den Selbstmordgedanken zu begegnen: Sie bricht einmal im Jahr nach Finnland auf und mietet sich nahe dem Polarkreis einen Schlitten und sechs Huskys. In den folgenden zwei Wochen erträgt sie die Kälte und die Dunkelheit in ihrem Einmannzelt, widersteht Schneestürmen und kämpft ums Überleben. Zäh und bisher erfolgreich. Sie spürt ihren Lebenswillen. Zurück-gekehrt in die Zivilisation, wirkt die Erfahrung bei ihr so stark, dass sie damit ihre depressiven Anwandlungen zurechtrücken kann. Die Bilder und Gefühle des Überlebenskampfes sind ihr Fokus. Kommen Suizidgedanken auf, so erinnert sie sich an ihr Selbstgefühl im Schneesturm und weiß schlagartig wieder, was Leben mit voller Kraft ist und wie sich Todesangst statt Todessehnsucht anfühlt. Ein Gedanke wie »Wozu lebe ich überhaupt?« wird zu: »Einfach um zu leben, weiter nichts. Denk an deinen Lebenshunger, als die Hunde nicht mehr wei-terwollten.« Aus »Ich bin so müde, ich schaffe alles nicht mehr« wird: »Du weißt genau, wie gut du kämpfen kannst. Die Kraft hast du jetzt auch.«

Mir ist natürlich klar, dass eine solche Extremerfahrung kein Allheilmittel gegen Selbstmordgedanken ist. Sie wirkte gerade und nur bei Rachel. Viele andere Faktoren spielen eine Rolle bei depressiven Symptomen, etwa der biographische Hinter-grund, das Geflecht der Beziehungen, in dem sich ein Mensch befindet, genetische und hirnphysiologische Einflüsse, ver-traut gewordene Fühl- und Denkmuster, die soziale und finan-zielle Situation, ja selbst die Grundstimmung im näheren Um-feld und im Land. Ich erzähle Ihnen von Rachel auch nur des-halb, weil sie zwar einen ungewöhnlichen Weg wählt, damit jedoch genau das Ziel der Übung in diesem Kapitel verfolgt: Sie stellt sich der Realität des Todes und zieht daraus Konse-quenzen für ihren Alltag. Sie phantasiert allerdings die Todes-möglichkeit nicht nur, sondern spielt mit dem eigenen Leben. Wie zahllose andere auch: So mancher Extremsportler – Dra-chenflieger, Fallschirmspringer, Freeclimber –, aber auch viele Raser auf der Landstraße begeben sich in Todesnähe, um zu-mindest ein wenig Todesangst in ihrem Leben zu empfinden und zu ahnen, dass es da eine knallharte Grenze gibt.

Wir gehen mit der Übung natürlich einen behutsameren Weg. Sie begegnen der Möglichkeit des eigenen Todes nur in der Vorstellung, und zwar mit der Frage: »Was würde ich tun, wenn ich nur noch eine begrenzte Zeit zu leben hätte?«

Da sind Sie beileibe nicht der Erste, der sich diese Frage stellt. Ob in Sachbüchern oder Romanen, Filmen oder mit anderen Ausdrucksformen, immer wieder beschäftigen sich kreative Menschen damit. Ein, wie ich finde, besonders gelungenes Werk ist der Film »Das Beste kommt zum Schluss«: »Unsere Situation ist eine einmalige Gelegenheit«, redet Edward Cole auf seinen Zimmergenossen Carter Chambers ein, während er im Krankenhemdchen auf der Bettkante sitzt. Jack Nicholson in der Rolle des skrupellosen Managers Cole sieht erbärmlich aus mit seinem Kopfverband nach einer Gehirnoperation. Und er meint mit der »einmaligen Gelegenheit« nicht etwa die Chance beim nächsten gewinnträchtigen Coup. Stattdessen haben beide eine niederschmetternde Prognose erhalten: Ein halbes, vielleicht ein Dreivierteljahr gibt ihnen der Arzt noch. Cole will nun seinen Bettnachbarn dazu überreden, eine Liste mit Dingen umzusetzen, die, aus einer Laune entstanden, beide vor dem Ableben noch tun wollen. Da stehen Sätze wie »Einem fremden Menschen etwas Gutes tun«, »Fallschirmspringen«, »Etwas Majestätisches erfahren« oder »Lachen, bis ich weine«. Genau solch eine Liste schreiben Sie in diesem Kapitel. Doch bevor Sie dies tun, stimmen Sie sich ein wenig darauf ein. Durch eine kleine Übung, mit der Sie herausfinden, was Sie im Innersten antreibt.

Aufwärmen: »Wenn ich einmal groß bin ...«

Sie schreiben ohne Computer und benötigen nur Stift und Papier.

Zum Aufwärmen erinnern Sie sich an Ideen aus Ihrer Kindheit zu dem, was Sie tun und sein wollten, wenn Sie einmal groß wären. Solche ursprünglichen Visionen sind meist sehr klar und noch unverstellt von Zweifeln, Zynismus und Zensur. Und wer Ideen verwirklicht, die er aus seiner Kindheit ins Heute gerettet hat, kommt oft erst bei dem an, was er im Leben wirklich will. In Therapie und Coaching sind sie deshalb ein wichtiger Schlüssel, um Menschen zu einem erfüllten Leben und zu ihrer Berufung zu führen. Ich kenne viele Klienten, die erst glücklich wurden, als sie diese Ideen in irgendeiner Form in ihr Leben integrierten.

Wünsche
auswerten

Zukunftswünsche
aufschreiben

 Zukunftswünsche aufschreiben

- Schließen Sie kurz die Augen, und stellen Sie sich die Zeiten in Ihrer Kindheit vor, in denen Ideen und Wünsche für Ihre Zukunft aufgetaucht sind. Das können auch verschiedene Situationen und Altersstufen sein. Was fällt Ihnen spontan ein? Wie alt waren Sie dabei und in welcher Lebenssituation?

- Nehmen Sie den Stift in die Hand, die *nicht* Ihre Schreibhand ist – Linkshänder schreiben mit der rechten Hand und umgekehrt. Der Wechsel zur anderen Hand hat seinen Sinn: Sie schreiben ungelenk und verlangsamt. Sie werden zum Schreibanfänger wie damals als Kind und können sich leichter in diese Zeit hineinversetzen. Das verlangsamte Schreibtempo trägt das Seine dazu bei, dass auch Ihre Gedanken anders fließen als sonst. Sie entschleunigen sich künstlich und gelangen zu einer ursprünglichen Haltung, die die meisten Kinder innehaben: langsamer, gründlicher, mehr zeitvergessen.

- Schreiben Sie mehrmals hintereinander einen Satz, der mit der jeweils gleichen Formulierung beginnt: »Wenn ich einmal groß bin, will ich …« Ohne innezuhalten und nachzudenken, vervollständigen Sie den Satz, je nachdem, was Ihnen als Erstes in den Sinn kommt. Setzen Sie einen Punkt, und beginnen Sie sofort mit dem nächsten Satz: »Wenn ich einmal groß bin, will ich …« Das tun Sie ungefähr fünf- bis siebenmal.

 ### Wünsche auswerten

- Lesen Sie sich nun Ihre Sätze durch. Markieren Sie Bedeutsames, und kommentieren Sie Ihre Sätze mit Randbemerkungen. Die folgenden Fragen können Ihnen dabei als Anregung dienen:
  - Welche Ihrer damaligen Wünsche haben Sie bereits in irgendeiner Form verwirklicht?
  - Welchen Wunsch haben Sie geheim gehalten, möglicherweise so geheim, dass Sie ihn selbst nicht mehr finden konnten?
  - Was war Ihr wichtigster Wunsch, der Sie besonders begeistert und in Tagträumen beschäftigt hat? Welches besondere Gefühl, welche Kraft wohnte ebendiesem Wunsch inne?
  - Welchen Wunsch finden Sie heute am wichtigsten?

- Überlegen Sie sich, was die Auswertung dieser Wünsche für Ihr
  Leben bedeuten könnte.

Sicher gilt es nicht, jeden Kindheitswunsch eins zu eins auf heute
zu übertragen und zu leben – welche Mittfünfzigerin will heute
noch Springreiterin werden, welcher Sachbearbeiter sattelt plötzlich auf Müllmann um? Finden Sie stattdessen heraus, welchen
Kern dieser Wunsch ausdrückt. Ist es vielleicht nicht das Spring-
reiten an sich, das die 57-Jährige heute noch immer fasziniert,
sondern die Idee, ihre Lust auf Herausforderungen endlich zum
Einsatz zu bringen? Ist es nicht weniger das Ein- und Ausladen von
Müllcontainern, sondern vielmehr die bodenständige, körperliche
Arbeit, die dem Sachbearbeiter in seinem Leben fehlt? Diesen
Wunschkern können Sie dann möglicherweise umsetzen. Wie zum
Beispiel die Mediatorin, die die folgenden Sätze linkshändig geschrieben hat: Sie schreibt inzwischen ein Sachbuch über die Geschichte der menschlichen Kooperation und liegt damit nah, aber
nicht direkt bei ihrem ursprünglichen Kindheitswunsch, ein Mittel
zu finden, mit dem sie Menschen retten kann: »Wenn ich einmal
groß bin, will ich ein Heilmittel gegen Krebs finden oder Bakterien
züchten, die Müll fressen«, und ihrem Wunsch, Menschen zu erreichen: »Wenn ich einmal groß bin, will ich die Menschen berühren,
zum Beispiel mit einem Buch wie *Der Kleine Prinz* oder *Die Möwe
Jonathan.*«

- Schreiben Sie zum Abschluss noch einen Kernsatz unter Ihre
  Sätze, mit dem Sie das Wichtigste auf den Punkt bringen.

Dieser Kernsatz wird Ihnen bei der Frist-Übung helfen, näher bei
Ihren tiefsten Motiven zu bleiben, ebenso wie die nachfolgende
Geschichte, die Sie daran erinnert, wie plötzlich die Gewissheit
einer begrenzten Lebenszeit in unser Leben treten kann.

Stell dir vor …

Einen Moment blieb er neben seinem Auto stehen und schaute in den Himmel. Der war tiefblau. Nur eine Wolke zog vorüber. An dem Frühsommertag, an dem Jonathan Walsch zu seinem Arzt ging, merkte er auf dem Fußweg zur Praxis, dass er seine Brieftasche verloren hatte. Er hastete zurück, suchte den Bürgersteig ab, fand sie schließlich an der Bordsteinkante. An seiner Hose klopfte er sie sauber.

Im Behandlungszimmer standen die Fenster offen. Eine Brise blähte die weißen Vorhänge. Der Linoleumboden reflektierte die Sonnenstrahlen, und Jonathan musste die Augen schließen. Dr. Beck war zuvorkommend wie immer, vielleicht etwas umständlich, wie er seine Unterlagen auf dem Tisch ordnete. Jonathan saß im Freischwingerstuhl und wippte. Er musste noch tanken, Unterlagen bei Tom abgeben und Mara Bescheid sagen, dass er später nach Hause käme wegen dieses Arztbesuchs, der ihm erst heute Mittag im Kalender aufgefallen war. Es sollte hier schneller gehen, dachte er, es sind doch nur die Untersuchungsergebnisse. Er registrierte, wie Dr. Beck beim Einatmen seinen Brustkorb weitete, bis der weiße Hemdstoff über seinen Rippen spannte. Etwas verzögert setzte er mit dem Sprechen ein.

»Ich habe schlechte Nachrichten für Sie, Herr Walsch.«

Einmal Luftablassen, der Hemdstoff fältelte sich sanft.

»Sie haben das RG6-Virus.«

Jonathan spürte, wie die Schockwelle durch seinen Bauch hinauf zum Kopf brandete und eine Schmerzspur hinterließ. So etwas sollte mir nicht passieren, dachte er. Dämlicher Gesundheitscheck. Dann wurde sein Körper still und sein Denken kühl. Ich muss die Übergabe der Firma regeln. Die Kinder werden es gut haben, sie sind finanziell abgesichert und gut aufgehoben bei ihrer Mutter. Mara wird es schaffen. Meine Schwester liebt die

Kinder und wird sich auch um sie kümmern. Mein Vater sollte endlich das Pflegeheim wechseln.

»Haben Sie schon blaue Areale auf Ihren Oberarmen entdeckt?« Jonathan schüttelte den Kopf. Bisher noch nicht.

»Es ist Zufall, dass wir bereits jetzt das Virus bei Ihnen entdeckt haben. Normalerweise wären Sie vermutlich in den nächsten Tagen oder Wochen zu mir gekommen. Wenn sich die ersten blauen Flächen auf den Armen, im Brustbereich und so weiter zeigen – ab dann läuft die Uhr.«

Dr. Beck informierte ihn wortreich über das RG6-Virus. Das meiste kannte Jonathan aus den Medien. Schließlich war die Krankheit seit einem Jahr weltweit Thema Nummer eins. Zuerst wollte Jonathan ihn unterbrechen, aber dann hielt ihn ein Anflug von Mitgefühl davon ab. Es beruhigt ihn, mich mit medizinischen Infos zu füttern, dachte er und war selbst erstaunt darüber, dass ihm das auffiel. Er mochte den Arzt.

Dr. Beck redete und redete. Darüber, dass das Virus überall auf der Welt Menschen befiel. Dass die Krankheit genau sieben Monate dauerte, immer den gleichen Verlauf zeigte und – wenngleich ohne Schmerzen oder Siechen – am Ende immer der Tod eintrat. Überlebensrate null, auch nach dem Komma nur Nullen.

»Ich weiß«, sagte Jonathan und hörte seine Stimme rauh und leiser als sonst.

Aber Dr. Beck hatte auch neue Informationen, und die ließen Jonathan aufhorchen: »Wissen Sie, Herr Walsch, die Forschung zum RG6-Virus geht natürlich weiter, selbst wenn wir mit der Bekämpfung kein Stück vorangekommen sind, auch nicht nach Zehntausenden von Todesfällen weltweit. Man hat herausgefunden, dass viele Betroffene ihre letzten Lebensmonate unerwartet heiter verbringen. Vermutlich, weil die Erkrankung ohne Ausnahme sicher zum Tod führt. Also entfällt für alle Beteiligten der sonst typische Kampf ums Überleben. Es treten ja zum Glück auch keine Schmerzen oder Verfallssymptome auf, man fühlt sich tatsächlich wohl. Die Betroffenen können sich in Ruhe auf den Zeitpunkt des Todes vorbereiten und sich vom Leben verabschieden. In der Regel sterben sie friedlich.«

»Davon hatte ich noch nichts gehört.«

»Ja, das sind interessante Beobachtungen.« Dr. Becks Stimme klang eifrig. Er ist froh, dass er mich dafür interessieren kann, dachte Jonathan.

Der Arzt redete jetzt immer schneller. »Eine wahrhaft merkwürdige Krankheit. Ich möchte Ihnen zeigen, dass Sie noch einige Spielräume in den sieben Monaten haben werden. Der Verlauf scheint in den meisten Fällen bestimmten Gesetzmäßigkeiten zu folgen, so dass eine grobe Einteilung in Phasen möglich wird. Ich gebe Ihnen dazu ein Informationsblatt mit.«

Dr. Beck reichte ihm einen kopierten Artikel aus einer Fachzeitschrift, bei dem er eine Übersicht zum Krankheitsverlauf aufgeschlagen hatte. Jonathan überflog die Punkte.

Monat 7

Arbeiten ist pro Tag maximal vier Stunden möglich. Danach schwindet die Konzentrationsfähigkeit. Sinneseindrücke werden intensiver wahrgenommen, insbesondere das Schönheitsempfinden nimmt zu.

Monat 6

Die tägliche Arbeitszeit liegt bei maximal zwei Stunden. Das Interesse an aktuellen Nachrichten lässt nach, dafür steigt das Interesse, sich an Erlebtes zu erinnern.

Monat 5

Arbeiten ist nicht mehr möglich. Intelligenz, auch die emotionale, nimmt zu. Die Betroffenen erkennen und verstehen immer komplexere Zusammenhänge und erfassen sie ganzheitlich.

Monat 4

Die Betroffenen können maximal noch drei Vorhaben pro Tag ausführen, etwa spazieren gehen, einen Freund treffen und einkaufen. Die Beziehungsfähigkeit nimmt zu: Es entwickelt sich ein Talent zu intensiven Gesprächen mit anderen Menschen, die mit Leichtigkeit eine Tiefe erreichen, die intellektuelle und spirituelle Erkenntnis ermöglicht und Nähe und Verbundenheit zwischen den Gesprächspartnern herstellt.

Monat 3

Die Betroffenen können maximal noch zwei Aktivitäten pro Tag umsetzen. Die Beziehungskompetenz im zwischenmenschlichen Bereich wächst weiter: Die Erkrankten nehmen die Wünsche anderer Menschen wahr und möchten sie erfüllen.

Monat 2

Die Betroffenen können nur noch eine Handlung pro Tag ausführen. Sie schwingen empathisch mit anderen Menschen mit und fühlen fremde und eigene Gefühle überaus klar.

Monat 1

Die Betroffenen sitzen oder liegen im letzten Monat überwiegend und fühlen sich dabei wohl. Reden, Hören, Beobachten, Lesen, Musizieren, Malen und Schreiben werden zu zentralen Tätigkeiten. Die Wahrnehmung ist geprägt von Verstehen, Verzeihen, Akzeptieren und Liebe.

In den letzten Tagen ist das Gefühl der Verbundenheit mit anderen Menschen, allen Lebewesen und mit der Welt voll entfaltet.

Jonathan rollte die Kopien zusammen und klemmte sie in seine immer noch staubige Brieftasche. Er erinnerte sich, dass ihm auf dem Weg zur Praxis aufgefallen war, wie schön das Blau des Himmels aussah. War das schon ein erstes Symptom?

»Und was Sie auch interessieren könnte: Beim letzten RG6-Kongress wurde eine Stiftung ins Leben gerufen, die weltweit Geld für die Viruserkrankten bereitstellt. Jeder kann bis zu 70 000 Euro für seine letzten Lebensmonate beantragen. Die dürfen sie allerdings nur für eigene Aktivitäten ausgeben, zum Beispiel Reisen, nicht für Geldgeschenke oder Erbschaften. Das ist doch was, Herr Walsch, oder?«

Dr. Beck nickte ihm mit einem Lächeln zu, das nicht recht gelang. Jonathan sah, wie blass er war.

»Bin ich Ihr erster Fall?«

»Ja.«

»Danke, dass Sie mich so gut informieren. Ich werde mir alles durchlesen«, sagte Jonathan. »In den nächsten Tagen melde ich mich bei Ihnen.«

Er stand auf und hielt Dr. Beck die Hand hin. Der sprang auf und schüttelte sie lange. »Rufen Sie jederzeit an, oder kommen Sie vorbei, wenn Sie Hilfe brauchen.«

Als Jonathan auf die Straße trat, blickte er wieder zum Himmel. Der Wind war stärker geworden, und die Wolke von vorhin war längst zerweht. Er zog den Autoschlüssel aus der Jackentasche. Dann, vor der Autotür, hielt er inne. Er ließ den Schlüssel zurückgleiten. Er würde zu Fuß nach Hause gehen.

Die Übung: Noch sieben Monate

Sie benötigen Stift und Papier, am besten im Format DIN A3,
außerdem normales Papier oder den Computer für zusätzliche
Notizen. Die Tabelle ist im Downloadbereich meiner Website
www.ulrike-scheuermann.de hinterlegt – falls Sie sie nicht selbst
zeichnen wollen.

Stellen Sie sich vor, Sie seien Jonathan Walsch. Der Besuch bei
Dr. Beck liegt einige Tage zurück, und Sie können Ihr Hadern mit
dem Schicksal einigermaßen kontrollieren. Sie sitzen allein zu Hause an Ihrem Lieblingsplatz, um Sie herum vertraute Geräusche,
Gerüche und Farben: die Bilder an den Wänden, der Stuhl, der
Tisch und die Pflanze auf dem Fensterbrett. Sie fühlen sich ruhig.
Und in diesem günstigen Moment werfen Sie einen überaus opti-
mistischen Blick auf die sieben Monate, die noch vor Ihnen liegen:
Wie wäre es, wenn Sie zufrieden stürben? Wenn Sie vorher noch
das täten, was Ihnen zwar wichtig ist, wozu Sie aber bisher nie
gekommen sind? Was Sie noch zu Ende bringen möchten? Wozu
Sie am meisten Lust haben? Und wie wäre es, wenn die kommen-
den sieben Monate die besten Ihres Lebens würden? – Ein Geschenk. Ich wünsche Ihnen viel Freude und neue Ideen bei dieser
Übung, die wahrhaftig keine trübsinnige sein muss.

Wünsche
auswerten

Zukunftswünsche
aufschreiben

Erste Ideen
schreibdenken

Die 7 Monate
planen

Reduzieren

Auf den Kern
fokussieren

Vorausblicken

Erste Ideen schreibdenken

- Nehmen Sie Papier und Stift zur Hand, und notieren Sie die Überschrift »Wenn ich in sieben Monaten sterben müsste«.
- Schreiben Sie zu dieser Überschrift einen sogenannten Fokussprint. Dabei schreiben Sie in nur fünf Minuten alle Gedanken, die Sie gerade im Kopf haben, so schnell wie möglich auf, ohne sich zu zensieren. Sie bilden sozusagen Ihre Gedankenwelt eins zu eins auf Papier oder auf dem Bildschirm ab. Setzen Sie beim Schreiben den Stift nicht ab, beziehungsweise tippen Sie pausenlos in die Tastatur. Wenn Sie den Faden verlieren, fokussieren Sie sich neu auf die Überschrift, und schreiben Sie sofort weiter.
- Lesen Sie Ihren Text anschließend durch, und markieren Sie das Wichtigste. Schreiben Sie einen Kernsatz unter Ihren Text, der Ihre wichtigste Erkenntnis auf den Punkt bringt.

Die sieben Monate planen

- Zeichnen Sie eine Tabelle mit sieben Spalten auf einem großen Blatt Papier oder im Computer. Sie ahnen es schon: Jede Spalte steht für einen der Monate, die Sie noch haben. Zählen Sie von sieben nach eins rückwärts. Schreiben Sie zu den Zahlen die Monate ab heute, also zum Beispiel: »7 – Februar, 6 – März, 5 – April ...« Nach Nummer 1 ziehen Sie eine dicke, schwarze, senkrechte Linie. Sie können sich auch eine Tabelle von meiner Website www.ulrike-scheuermann.de ausdrucken. Dort ist alles schon eingetragen.
- Stellen Sie sich nun vor, was Sie in jedem Monat konkret tun wollen. Die Möglichkeiten sind ebenso mannigfaltig, wie es jedes Leben ist. Sei es, alte Freunde noch einmal wiederzusehen, die Finanzen in Ordnung zu bringen, das eigene Begräbnis zu planen

oder einen Entschuldigungsbrief zu schreiben. Die Planung könnte aber auch Ihre Grundhaltung zum Leben betreffen, etwa ohne Ablenkung im Moment zu leben, hohe Ansprüche loszulassen, sich anderen Menschen innerlich nah zu fühlen oder einfach das Zusammensein mit geliebten Menschen zu genießen. Ein Seminarteilnehmer schrieb etwa: »Entweder allein sein oder mit nahen Menschen zusammen sein und mich darüber freuen. Vermitteln, dass es nicht schlimm ist, wenn ich gehen muss. Mich in Ruhe verabschieden von den Menschen, die mir wichtig sind.«

- Denken Sie dabei auch an das Gespräch zwischen Beck und Walsch: Sie haben für die nächsten sieben Monate bis zu 70 000 Euro zu Ihrer freien Verfügung.
- Leitfragen für Ihre Planung können sein:
  - Was ist das Wichtigste, was Sie unbedingt noch tun oder nachholen möchten?
  - Was tun Sie, damit diese sieben Monate die besten Ihres Lebens werden?
  - Was ist das Schwierigste, was Sie noch abschließen möchten?
  - Welche Haltung und Stimmung soll Ihr Handeln bestimmen? Sind Sie stark, erwachsen, genuss- und/oder humorvoll? Friedlich, traurig, wehmütig? Ruhig, gelassen, geduldig, fröhlich?
  - Welchen letzten Satz sagen Sie, bevor Sie sterben?
  - Und welchen letzten und größten Wunsch haben Sie, und wie verwirklichen Sie ihn?

Der letzte Wunsch ist übrigens bei vielen, sich mit wichtigen Menschen auszusprechen, zu versöhnen und sich von ihnen zu verabschieden. Die Gestaltung der wichtigsten Beziehungen ist im Leben jedes Menschen so zentral, dass Sie in diesem Buch weitere Übungen dazu finden, so bei den Kapiteln »6. Der Eintrag im Tagebuch« und »7. Die drei Briefe«.

Reduzieren

Im Lauf der nächsten Stunden, Tage und Wochen fällt Ihnen sicher noch mehr für Ihre Tabelle ein:

- Notieren Sie weitere Einfälle, streichen Sie aber auch weniger wichtige Punkte. Prüfen Sie gründlich:
  – Was erscheint mit zeitlichem Abstand doch nebensächlich?
  – Was passt realistischerweise in einen Monat?

- Markieren Sie: Welches Versäumnis würde Sie am meisten schmerzen, wenn Sie keine sieben Monate Zeit mehr hätten, sondern sofort tot wären – etwa durch einen Unfall? Dies noch zu tun ist offensichtlich besonders wichtig für Sie.

Das Reduzieren ist gerade dann von Bedeutung, wenn Sie in der siebenmonatigen Zeitspanne alles unterzubringen versuchen, was Sie im bisherigen Leben aufgeschoben haben. Dadurch überfrachten Sie Ihre Tabelle. Akzeptieren Sie, dass manches nicht mehr möglich sein wird – genau um dieses Loslassen geht es bei der Fokussierung auf das Wesentliche eben auch. Beim Reduzieren können Ihnen übrigens Ihre Erkenntnisse aus dem Kapitel »Die Ozeanfahrt« helfen.

 ### Auf den Kern fokussieren

- Schreiben Sie unten in jede Spalte Ihrer Tabelle einen zusammenfassenden Kernsatz, der ausdrückt, was den jeweiligen Monat kennzeichnet.
- Schreiben Sie zu den sieben Kernsätzen wiederum einen zusammenfassenden Kernsatz: Was ist der Kern aller sieben Monate?

- Schreibdenken Sie zu Ihrem letzten Kernsatz fünf Minuten einen Fokussprint, wie Sie ihn schon zu Beginn der Übung geschrieben haben. Wie gewohnt markieren Sie anschließend das Wichtigste und schreiben Ihren allerletzten Kernsatz, der beginnt mit: »Ich will …«

Der Seminarteilnehmer, den ich bei der Sieben-Monats-Planung schon erwähnt hatte, schrieb zum Beispiel folgenden Fokussprint, anknüpfend an seinen Kernsatz aus der Tabelle »Mit nahen Menschen sein«: »Das ist das Allerwichtigste, anderes bleibt nicht übrig. Mit den Menschen zusammen zu sein und Zeit zu verbringen, die ich liebe. Einfach friedlich, in innerer Ruhe, ohne Hektik und Programm, in ständiger Freude. Mich aufgehoben fühlen und den anderen Aufgehobensein vermitteln. Zusammen bereiten wir uns in Ruhe auf den Abschied vor. Es ist genug Zeit – was für ein Glück. Wissen und Vertrauen darein, dass die anderen – wir alle – geborgen sind.« Und als letzten Kernsatz schrieb er darunter: »Ich will in einer großen Ruhe mit den geliebten Menschen sein.«

Warum die vielen Kernsätze? Sie brauchen den absoluten Fokus, das Wichtigste des Wichtigen, um sich im weiteren Leben darauf auszurichten. Indem Sie schrittweise Ihre Ideen immer mehr reduzieren, kommen Sie zu *einem* Kern: Auf diesen einen Schwerpunkt lässt es sich gut fokussieren, bei dreien wird es schon schwierig, und bei fünfen zerstreuen Sie sich bereits.

Nun fehlt nur noch eines: die Umsetzung im Alltag. Schließlich sollen die Ergebnisse Ihrem Leben nützen; und wir wissen alle, wie leicht Neues sich in den Alltagsanforderungen verliert. Bei einer Übung, die auf konkretes Handeln abzielt, wäre das besonders schade. Deshalb können Sie mit dem folgenden Zweischritt alles noch etwas konkreter machen und sich zusätzlich motivieren.

 *Vorausblicken*

- Markieren Sie direkt in Ihrer Tabelle, was Sie wann tun wollen: jetzt, später – wann genau? – oder erst kurz vor Ihrem Tod. Oder soll jemand in Ihrem Namen nach Ihrem Tod etwas tun?
- Stellen Sie sich vor: »Was wäre anders in meinem Leben, wenn ich [letzter Kernsatz Ihrer Auswertung] täte?« Lassen Sie dazu möglichst detailreich Bilder vor Ihrem inneren Auge entstehen. So motivieren Sie sich zusätzlich und entwickeln eine Vision Ihres stärker fokussierten Lebens.

Wenn Sie bis hierher gekommen sind, kann ich Sie nur beglückwünschen. Ja, es erfordert Mut und Entschlossenheit, um sich dermaßen konkret die letzten Lebensmonate zu vergegenwärtigen. Auch Vorstellungskraft, Gestaltungswillen und Durchhaltevermögen – denn sieben Monate sind auch in der Vorstellung lang. Nun sind Sie auf dem richtigen Weg und merken vielleicht längst in Ihrem Alltag, wie sich die Beschäftigung mit den bisherigen drei Kapitel auswirkt.

Verstehen

In dem alten Grimm'schen Volksmärchen »Von einem, der auszog, das Fürchten zu lernen« sucht der jüngere zweier Brüder nach Wegen, um endlich Angst zu empfinden. Warum bloß will er unbedingt das Fürchten lernen? Das Märchen legt nahe, dass er sich als unvollständig erlebt und ahnt, dass ihm mit der fehlenden Angst auch der Gegenpol fehlt, nämlich das Gefühl der Sicherheit und Geborgenheit in sich selbst. Ebenjenes Gefühl zu integrieren kann Ihnen mit der Übung in diesem Kapitel gelingen: Wer die Möglichkeit des Sterbens mit seinem

Schrecken, aber schließlich auch mit Akzeptanz erlebt, kann zu mehr Stärke und Ruhe in sich finden, statt ständig vor einer nebulösen Bedrohung davonzulaufen. Sie bauen kraftraubende Verdrängungsmechanismen ab.

Vielen Menschen gelingt es so, von ihren letztlich banalen, dennoch quälenden Alltagsängsten zu lassen – anstatt zeitlebens die größte Angst davor zu haben, ihr Auto, ihr Haus oder den neuen Flachbildschirm nicht mehr finanzieren zu können, und deshalb täglich herzinfarktgefährdet in einem Job zu powern, den sie nie wollten und der ihnen ihre Träume und ihre Selbstachtung raubt. Anstatt aus Angst vor sozialem Abstieg mit einem Ehepartner zusammenzubleiben, den sie längst nicht mehr mögen, geschweige denn lieben. Anstatt Jahre damit zu verbringen, Angst vor – ja, wovor eigentlich? – dem Leben, vor dem nächsten Tag, vor schlaflosen Nachtstunden, vor Ungerechtigkeiten oder vor Augenfalten zu haben, und deswegen auf Sparflamme zu leben. Anstatt verzagt und kleinmütig zu leben und selbst nicht mehr zu wissen, warum. Wenn Sie reale Todesangst erfahren haben, können Sie leichter mutig und mit voller Kraft im Jetzt leben, weil Sie empfinden, dass es vielleicht kein Morgen gibt. Also: wenn nicht jetzt, wann dann?

Dass man nicht »einfach mal so« die Vorstellung des nahen Todes in sein Leben holt, merkt allerdings jeder, der sich des Themas annimmt. Ich empfinde es als Lebensaufgabe, die Gewissheit zu sterben wirklich bewusst mit sich zu tragen. Immer vertrauter kann Ihnen dieses Bewusstsein werden, und die Übung in diesem Kapitel hilft dabei. Aber es erfordert natürlich mehr, als einmal eine Übung zu machen. Die kann einen Anfang oder eine Auffrischung darstellen.

Als ich irgendwann zum ersten Mal die Übung machte, die Sie in diesem Kapitel kennengelernt haben, durchlebte ich alle möglichen schwierigen Gefühle. Das Thema sickerte in mein Leben und ging mir nahe, wenngleich ich mich schon so oft damit auseinandergesetzt hatte. Ich fühlte mich getrieben, aufgewühlt, durchgeschüttelt. Ich schlief und aß wenig. Ich fühlte Wehmut, Schmerz und Trauer bei der Vorstellung, von geliebten Menschen irgendwann Abschied nehmen zu müssen. Das Thema begegnete mir auch im Außen öfter als sonst. Andere erzählten mir häufiger als üblich von Krankheits- und Todesfällen, ich erlebte einen Beinah-Unfall. Ich dachte über meine Reaktionen nach, ich redete mit anderen, beobachtete meine Gefühle und schrieb viel.

Mein innerer Aufruhr legte sich nach einigen Wochen wieder. Dann wurde ich für längere Zeit stiller, nachdenklicher und nach innen gewandt. Und nach solch einer Zeit geht es erst richtig los. Immer wieder neu versuche ich, mich in Vertrautheit und Freundschaft mit dem unausweichlichen Tod zu üben. Mal gelingt mir das besser, mal schlechter. Heute ist es immer öfter so: Mit neuer Dankbarkeit schätze ich den Wert jeder Stunde, jedes Erlebnisses und jeder Begegnung und gehe offener, friedlicher und demütiger durch mein Leben. Hilfreich ist für mich dabei zu merken, wie nützlich Gedanken an die eigene Endlichkeit in allen möglichen Lebenssituationen sind.

Sie können diese Gedanken nämlich für viele Alltagssituationen nutzen, etwa wenn Sie Entscheidungen treffen. Zu wissen und zu fühlen, dass Ihr Leben in sieben, in drei, in einem Monat zu Ende sein könnte, hilft bei großen Lebensentscheidungen wie etwa Trennung, Umzug oder beruflichen Veränderungen ebenso wie bei alltäglichen Entscheidungen: Schauen Sie vor dem Zubettgehen noch in Ihre beruflichen E-Mails, oder telefonieren Sie lieber mit einer Freundin? Aus diesem Endlichkeitsgefühl heraus geschieht vieles auch wie von selbst:

Einer registriert erstaunt, wie er mit seinem Freund plötzlich einen jahrelang schwelenden Konflikt bespricht. Eine andere lernt zufällig einen Mann kennen, mit dem sie die Reise in die Mongolei unternehmen kann, die sie sich zeitlebens gewünscht hat. Ein Dritter hat endlich genug Mut angesammelt, um den Sprung in die Selbständigkeit zu wagen und seinen Berufstraum zu verwirklichen.

Für mich bleibt der wertvollste Effekt, wenn wir uns der Endlichkeit des eigenen Lebens stellen, immer noch dieser: Die Gewissheit hilft Ihnen, sich auf das Hier und Jetzt zu fokussieren und jeden Augenblick bewusster und intensiver wahrzunehmen. Dabei wirkt das veränderte Zeitgefühl: Ich sehe meine eigene Lebenszeit wie eine Bugwelle, die sich in meine Zukunft hinein ausbreitet und an der Grenzfläche des Todes reflektiert wieder zu mir zurückkehrt. Ohne die Grenze würde die Welle irgendwo in der Zukunft auslaufen, längst hätte sie ihre Kraft verloren. Doch so ist da die volle zeitliche Konzentration, die das Erleben im Augenblick intensiviert. Achtsamkeit, Gewahrsein und Fokussierung sind Worte, die zu diesem Zeiterleben passen, alle schönen und schmerzlichen Gefühle eingeschlossen. Sie leben tiefer, inniger, leidenschaftlicher.

Weil Sie herausgefunden haben, was Sie wirklich tun wollen, und es leben, können Sie sagen: »Ich lebe erfüllt. Ich habe nichts Wesentliches versäumt. Nun bin ich bereit für alles, was das Leben bringt, also auch fürs Sterben. Denn ich lebe *jetzt* den Kern meines Lebens.«

Empfehlungen zum Sehen, Lesen und Hören

Das Beste kommt zum Schluss. Spielfilm von Rob Reiner, in dem zwei Männer angesichts des bevorstehenden Todes gemeinsam ihre Liste der letzten Dinge abarbeiten, die sie in ihrem Leben noch tun wollen. Lachen und Weinen liegen beim Anschauen des Films nah beieinander.

Emmas Glück. Der Spielfilm von Sven Taddicken handelt von der jungen Frau Emma, die als Schweinezüchterin allein auf ihrem Hof lebt, bis Max in ihr Leben fällt. Erst mit dem Tod vor Augen lässt sich der Autoverkäufer wirklich auf das Leben ein – und lernt, den Tod als Teil des Lebens zu verstehen.

Mein Leben ohne mich. Spielfilm von Isabel Coixet: Die 23-jährige Ann, deren Leben bisher wenig Platz für selbstbestimmte Taten bot, erfährt, dass sie nur noch zwei Monate zu leben hat. Sie verheimlicht ihre Diagnose und tut Dinge, die sie noch erleben möchte, auf ihre stille Art.

Die Schopenhauer-Kur. Roman von Irvin D. Yalom, der vom letzten Lebensjahr eines Psychiaters mit einer Krebsdiagnose ohne Überlebenschance handelt.

Requiem d-Moll von Wolfgang Amadeus Mozart für Soli, Chor, Orchester und Orgel. Während des Kompositionsprozesses erkrankte Mozart schwer und ahnte vermutlich seinen nahen Tod voraus. So rührt Mozarts Musik unmittelbar an Gefühle der Trauer und des schmerzlichen Abschieds.

4. Die letzte Vorlesung – Weisheit entdecken

In diesem Kapitel stellen Sie sich in der Vorstellung ans Ende Ihres Lebens und blicken zurück: Sie sammeln Ihre Erkenntnisse aus den vorherigen Kapiteln, Sie bringen Ihre ganz persönliche Lebensweisheit auf den Punkt und geben sie an andere weiter.

Nach einem Jahr Krebstherapie musste Randy Pausch akzeptieren, dass für ihn keine Heilung möglich sein würde. Er ging nur noch von drei bis sechs Lebensmonaten bei guter Gesundheit aus. Der Professor für Informatik an der Carnegie Mellon University, USA, stand mitten im Leben, als seine Krankheit ausbrach – beruflich erfolgreich, verheiratet, drei kleine Kinder.

Nun fasste er einen Entschluss. In den USA gibt es die Tradition, dass Professoren, die in den Ruhestand treten, eine letzte Vorlesung halten. Randy Pausch wollte eine solche »Last Lecture« halten, die für ihn im doppelten Sinn die letzte sein sollte. Er nannte sie »Really achieving your childhood dreams« – »Deine Kindheitsträume wirklich wahr werden lassen«. An dem Tag seiner letzten Vorlesung im September 2007 platzte der Saal aus allen Nähten. Randy Pausch erzählte humorvoll und lebensbejahend, wie man eigene Kindheitsträume verwirklicht und anderen dabei hilft. Vor allem seine noch kleinen Kinder sollten die Vorlesung später einmal sehen und an seiner Lebenserfahrung teilhaben. Die gut einstündige Veranstaltung wurde auf YouTube online gestellt – der weltweit größten Video-Community im Internet. Mittlerweile wurde sie über 13 Millionen Mal aufgerufen.

Warum interessieren sich so viele Menschen für die letzte Vorlesung eines amerikanischen Professors, den vorher kaum jemand kannte? Menschen überall auf der Welt wollen wissen, was jemand zu sagen hat, der bald sterben wird. Denn sie ahnen, dass er – den Tod vor Augen – klarsichtiger zum Kern des Lebens vordringen kann als jemand, der unbekümmert irgendwo mitten im Leben zu stehen meint. Sie erwarten eine Vorlesung, in der es um die wirklich wichtigen Dinge des Lebens geht. Sie wünschen sich Erkenntnis und Weisheit, um diese auf ihr eigenes Leben anwenden zu können. Das ist ein wichtiger Wunsch. Von anderen Menschen etwas über deren

Lebensweisheit zu erfahren kann uns bei der eigenen Lebensgestaltung anregen und uns helfen, im Leben etwas zu verändern. Wir können uns weise Menschen auch zum Vorbild nehmen. Doch Weisheit erlangen wir damit nicht. Dazu muss jeder auf *sein* Leben schauen und *seine* Weisheit finden. Nichts anderes tun Sie beim Arbeiten mit diesem Buch und insbesondere mit diesem Kapitel: Hier verdichten Sie die Essenz der vorherigen drei Kapitel zu Ihrer persönlichen Lebensweisheit – und geben Sie an andere Menschen weiter.

Bilanz ziehen, das Wichtigste aus dem eigenen Leben zusammentragen, persönliche Weisheit finden: Wer sein Leben lang um Wachstum gerungen und für seine persönliche Entwicklung gekämpft hat, der möchte seine Erfahrungen und Erkenntnisse bewahren und anderen vermitteln – als Vortrag, als Erzählung, als Brief, als Buch. Viele Menschen, die den Tod nahen fühlen, schreiben ihre Biographie oder lassen sie schreiben. Damit geben sie ihrem Leben ebenso wie ihrem Sterben einen zusätzlichen Sinn: »Wenn ich schon sterben muss, so will ich etwas Sinnvolles hinterlassen, nicht nur Geld und Erinnerungsstücke«, sagte vor vielen Jahren eine schwerkranke Klientin zu mir. Sechzig Seiten Lebenserinnerungen und -weisheiten hat sie von Hand geschrieben, und sie konnte den Text noch fertigstellen.

Aber warum warten, bis Sie ahnen oder wissen, dass Sie sterben werden? Und wer weiß, ob Sie solch günstige Bedingungen vorfinden wie Randy Pausch, der mit dem nahen Tod vor Augen noch Monate bei guter Gesundheit vor sich hatte? Ihre Lebensweisheiten finden – das können Sie schon heute. Und sie vielen Menschen zugänglich machen, dafür ist möglicherweise ebenfalls gerade jetzt der beste Zeitpunkt.

Stellen Sie sich einmal vor, Ihre »letzte Vorlesung« würde von vielen Interessierten gesehen, gehört oder gelesen. Sie könnten sie zum Beispiel bei YouTube oder bei Slideshare – einer Internetplattform für Präsentationen – hochladen oder an anderen Orten im Internet online stellen. Gleich, ob Sie sich für eine Veröffentlichung entscheiden oder sich das nur gedanklich vorstellen: Schon bei der Vorbereitung Ihrer »letzten Vorlesung« denken Sie an Ihre potenziellen Zuhörer – und haben damit vollkommen andere Voraussetzungen als bei den Übungen der vorherigen drei Kapitel. Da bekam niemand Ihre Ergebnisse zu sehen, und das war auch gut so. Jetzt aber treten Sie in Kontakt mit der Welt, der Sie etwas mitzuteilen haben. Sie brauchen dafür Selbstbewusstsein und Stolz auf Ihre Lebenserfahrung – beides können Sie auf jeden Fall haben, denn jeder hat genug Einzigartiges erlebt, um daraus wichtige Erkenntnisse zu ziehen und weiterzugeben. Sie brauchen dafür auch Mut, und den hat Helene aus der folgenden Geschichte nicht zu knapp. Mit diesem Mut mag sie Sie dazu anregen, sich dem darauffolgenden Aufwärmen und der Übung zu widmen. Anders als in allen anderen Kapiteln lesen Sie hier nämlich zuerst die Geschichte, die Sie auf die Aufwärmübung einstimmt.

Stell dir vor …

Der Gasgeruch vom Herd vermischte sich mit dem Duft des Kaffeepulvers, das gerade in der Filtertüte anbrühte. »Trinken Sie nicht so viel Kaffee«, sagte der Fußpfleger jedes Mal, wenn er ihre runzligen Füße massierte. Ein charmanter und bildhübscher junger Mann, ganz reizend schwul. Sie sagte jedes Mal: »Jaja«, und beide wussten, dass sie die nächste Tasse trinken würde, sobald er gegangen war. Manchmal wies sie auch kokett auf das Foto ihres Urenkels, auf dem er dem Fotografen mit seiner Kaffeetasse wie mit einem Bierglas zuprostete. Sie hatte mit Bedacht dieses Bild aufgehängt, weil sie so gerne Kaffee trank. Moralische Unterstützung von der Jugend konnte nicht schaden.

Helene nahm die Tasse und schlurfte in Pantoffeln zum Küchentisch. Draußen wurde es nicht richtig hell, der Wintermorgen blieb grau. Sie saß gerne in ihrem Morgenkaffeeduft und schaute aus dem Küchenfenster. Dann dachte sie an ihr langes Leben, das wohl bald zu Ende gehen würde. Und das war gut so, auch wenn sie das Leben liebte. Sie hing nicht mehr daran.

Die Spatzen machten Krach in der Linde, die mitten im Hof stand. Seit 47 Jahren sah sie den Baum dort stehen, der Stamm wurde immer dicker, die Krone dichter. Ein Fahrrad klapperte. Da war der Briefträger, die Plastiktaschen voll bepackt. Ihr Haus befand sich am Anfang seiner Tour. Heute war er besonders früh dran, stellte sie fest. Er blickte zu ihrem Fenster, und sie nickten sich zu. Auch das war eingespielt seit Jahren. Hier kam fast immer der Gleiche. Helene freute sich über Regelmäßigkeiten.

Sie stand auf und stellte die Kaffeetasse zum schmutzigen Geschirr, das sich in der Spüle stapelte. Gestern waren ihre drei Damen zu Besuch gewesen. Albern waren sie gewesen, hatten über Intimes gekichert und sich überhaupt mal wieder königlich amüsiert. Zum Beispiel über Eva-Maria, die von ihrem Liebhaber schwärmte und entsetzt von dem angeblichen Runzelzuwachs am Dekolleté erzählte. »Hab dich nicht so«, hatte Elisabeth mit ihrer rauchigen Stimme gesagt, »bei dir ist doch alles in Form.« Eva-Maria hatte ihre Bluse aufgeknöpft und den anderen einen tiefen Einblick gewährt. Ein bisschen neidisch war Helene gewesen. Aber das war schnell verflogen, denn die anderen kreischten vor Lachen, als Eva-Maria ihren Blusenknopf unter dem Tisch suchen musste und ihre Stimme dumpf von unten tönte. So sind sie halt, meine Damen, dachte Helene, und das Lachen gluckste jetzt noch in ihr hoch.

Der Briefträger stieg durch das Rosenbeet und klopfte an ihre Fensterscheibe. Das Fenster klemmte im Rahmen, aber schließlich zog sie es mit einem Ruck auf.

»Guten Morgen, Frau Dust, ein Einschreiben für Sie.«

»Was? Für mich? Na, Sie haben Ideen.«

»Ja, Sie müssen nur unterschreiben.« Der Briefträger guckte über ihren Kopf hinweg in die Küche.

Helene nahm den Stift und unterschrieb auf der Plexiglasfläche. Ihr Name kringelte sich unordentlich. Der Briefträger gab ihr den Brief und stapfte durch das Beet zurück zu seinem Postrad. Im Wegfahren grinste er ihr zu und fasste sich an die nicht vorhandene Mütze.

Im Absender stand der Name der Universität, an der sie früher studiert hatte. Helene schnitt den Brief mit der Nagelschere auf und begann zu lesen. Sie ließ das Blatt sinken. »Was soll denn das?«, sagte sie laut. Das muss ich sofort Herbert erzählen. Sie holte das Telefon und tippte seine Nummer ein. Herbert ging nicht ran. Wahrscheinlich schlief er noch, der alte Langschläfer. Hastig überflog Sie den Brieftext weiter: »… nach einem statistischen Auswahlverfahren aufgrund von Absolventendaten Ihres Jahrgangs ausgewählt.« Ausgewählt? Wofür denn, komische Idee. »Ihre Erlaubnis zur Verwendung Ihrer persönlichen Daten liegt uns vor.« Das stimmte wohl. Daran erinnerte sie sich sogar: Sie hatte damals, als sie nach ihrem Studium die Exmatrikulation unterschrieb, eine Erklärung zur Freigabe ihrer Daten für Forschungszwecke unterzeichnet. »… eine ›letzte Vorlesung‹ erarbeiten, anlässlich unseres 100-jährigen Bestehens … beim zentralen Festakt vortragen … würden uns freuen, wenn Sie zusagten und sich für ein Vorgespräch zur Klärung der organisatorischen Fragen bei uns meldeten …« Und dann stand da noch etwas: »Wir freuen uns, Ihnen dafür ein Notebook zu überreichen und Ihnen eine persönliche Computereinführung zukommen zu lassen.« Helene schlug mit der flachen Hand auf den Tisch. Ein Notebook kam wie gerufen. Nur eine Computereinführung brauchte sie nicht, sie war schließlich nicht von gestern. Gerade hatte sie den zweiten Kurs an der Volkshochschule absolviert.

Als sie noch einmal die Nummer von Herbert wählte, bemerkte sie ein feines Zittern ihrer Hände. Sie richtete ihren Oberkörper auf. Das wäre ja gelacht, dachte sie. Herrgott nochmal, Herbert ging immer noch nicht ans Telefon. Agnes auch nicht. Sie wanderte durch die Küche, und mit einem Mal störten sie die Pantoffeln. Na, dann eben nicht. Sie nahm den Brief und tippte die Telefonnummer ein, die im Absender stand. Es nahm gleich jemand ab. »Ja, guten Tag, hier spricht Dust. Sie haben mich angeschrieben … Mache ich. Ja, warum auch nicht? … Das Notebook nehme ich gerne, die Einführung brauche ich nicht … Gut, Mittwochnachmittag …«

Als Helene den Hörer auflegte, war sie hellwach und fühlte die Tatkraft bis in jede Fingerkuppe. Diese Sache war besser als jede Ginseng-Kapsel, das stand schon mal fest. Herbert würde Augen machen, und ihre drei Damen erst. Das grüne Kleid mit den Pailletten am Ausschnitt würde sie anziehen.

Aufwärmen: Die Zuhörer

Wenn Sie möchten, können Sie sich die Gedankenreise aus dieser Aufwärmübung als Hördatei mit dem Namen »Die letzte Vorlesung« von meiner Website www.ulrike-scheuermann.de herunterladen und beim Aufwärmen abspielen.

Lassen Sie ruhig ein wenig Vorfreude und Tatendrang aufkommen wie in der Geschichte von Helene Dust. Denn auch Sie bereiten sich jetzt auf Ihre »letzte Vorlesung« vor. Schließlich werden Sie vor vielen Leuten sprechen, zumindest in der Vorstellung. Zum Aufwärmen stimmen Sie sich mit einer Gedankenreise auf Ihre Zuhörer ein, damit Sie diese bei der nachfolgenden Übung innerlich mit dabeihaben.

Einen Zuhörer kennenlernen

 ## Einen Zuhörer kennenlernen

Sie können sich entweder schon während des Lesens auf Gedankenreise begeben oder nachdem Sie die Anleitung gelesen haben. Oder Sie hören die Anleitung als Hördatei mit geschlossenen Augen.

- Wenden Sie Ihre Aufmerksamkeit nach innen, und beobachten Sie einige Atemzüge lang Ihren Atem, wie er ein- und ausströmt, ohne ihn zu beeinflussen. Bis Sie das Gefühl haben, Sie sind ganz bei sich und in Ihrem Körper.
- Stellen Sie sich vor, Sie wären am Ende Ihres Lebens angekommen. Sie blicken auf ein langes Leben zurück. Sie sind zufrieden und haben keine Angst davor zu sterben, denn Sie haben erfüllt gelebt. Nun haben Sie für die Menschen, die Sie zurücklassen, einen Vortrag vorbereitet. Sie freuen sich darauf, ihn vorzutragen. Sie haben kein Lampenfieber.

- Und jetzt, mit dem nächsten Atemzug, heben Sie vom Boden ab – wenn Sie möchten, auf einem Fluggefährt, Vogel, Drachen oder fliegenden Teppich. Sie fliegen immer höher in den Himmel und schauen mit weiter Sicht auf Stadt und Land hinab. Ein lauer Wind streift Sie, und Sie fühlen sich wohl.
- Bald sehen Sie ein Freilichttheater unter sich, das vollbesetzt mit Menschen ist. Sie wissen: Diese Menschen dort warten auf Sie, denn sie wollen Ihre »letzte Vorlesung« hören.
- Sie fliegen jetzt tiefer, bis Sie einzelne Menschen erkennen können. Auf einen Zuhörer stellen Sie wie mit dem Zoom eines Teleobjektivs scharf. Das ist eine sehr interessierte und Ihnen wohlgesinnte Person, die *Sie* erleben, hören und sehen möchte.
  - Wie sieht diese Person aus?
  - Welche Kleidung trägt sie?
  - Wie alt ist sie?

  Sie erkennen jetzt immer mehr:
  - Was erhofft und erwünscht diese Person sich von Ihrer Vorlesung?
  - Welche Fragen beschäftigen sie?
  - Wobei können Sie ihr mit Ihrer »letzten Vorlesung« helfen?
- Wenn Sie genug gesehen haben, fliegen Sie mit dem nächsten Atemzug wieder höher, kreisen noch ein wenig über der Landschaft und kehren zurück, bis Sie dort ankommen, wo Sie gestartet sind.
- Öffnen Sie die Augen und bewahren Sie das Bild Ihres Zuhörers in der Erinnerung auf.

Sie haben nun eine Vorstellung davon, an wen Sie sich mit Ihrer »letzten Vorlesung« richten und was Ihre Zuhörer interessiert. Sich nur eine Person vorzustellen, diese aber so konkret wie möglich, hilft dabei, einen guten inneren Kontakt zu *allen* Zuhörern aufzubauen.

Die Übung: Ihre »letzte Vorlesung«

Sie benötigen für die Variante mit dem Computer eine Präsentations-software, etwa PowerPoint oder Keynote, ein Textverarbeitungs-programm und eventuell einen Scanner. Für die Variante ohne Computer benötigen Sie Zeichen- und Schreibgeräte, Klebstoff, Schere und vielleicht eine Aufbewahrungsmappe.

Bereiten Sie Ihre »letzte Vorlesung« ebenso kreativ und engagiert vor wie Randy Pausch seine »Last Lecture«. Schauen Sie sich ruhig einmal bei YouTube seinen Vortrag an. Lassen Sie sich inspirieren von seinen Liegestützen zur Demonstration seiner Kräfte, Plüsch-tierauftritten und seinem lebendigen Vortragsstil voller Witz und Leichtigkeit. Für die Gestaltung Ihrer »letzten Vorlesung« können Sie auf Ihre Erkenntnisse aus den bisherigen drei Kapiteln zurück-greifen: Was hat mein Leben ausgemacht? Was sind meine wich-tigsten Werte? Was würde ich tun, wenn ich noch sieben Monate zu leben hätte?

Einen Zuhörer
kennenlernen

Lebens-
erkenntnisse
sammeln

5 Darstellungs-
ideen auswählen

Erkenntnisse
in den Alltag
übertragen

Veröffentlichen

Klären Sie erst einmal in Ruhe, was Sie überhaupt zu sagen haben.

• Schreibdenken Sie fünf bis zehn Minuten mit einem Fokussprint zu der Überschrift: »Wie würde ich mein Leben leben, wenn ich es noch einmal leben könnte?« Den Fokussprint kennen Sie schon aus dem vorherigen Kapitel. Sie schreiben dabei so rasch wie möglich fünf bis zehn Minuten zügig drauflos, ohne innezuhalten, ohne zu zensieren und ohne wiederholt zu lesen.

Das folgende Beispiel eines perfektionistischen Klienten mag Sie inspirieren: »Wenn ich mein Leben noch einmal leben könnte, würde ich mir mehr Fehler und mehr Versäumnisse erlauben. Ich würde mich zurücklehnen und abwarten, ob es wirklich so schlimm wird, wie ich befürchte. Ich würde mehr Pausen machen und alberner sein als bei dieser Reise. Ich wäre freigebiger, auch mit meiner Zeit für andere. Ich würde durch mehr Felder streifen, mehr Berge besteigen, mehr Sonnenaufgänge anschauen, mehr reisen und mit fremden Menschen sprechen. Ich würde mehr lieben.«

• Lesen Sie sich Ihren Text durch, und markieren Sie alles, was Sie besonders wichtig finden. Zum Schluss schreiben Sie noch einen Kernsatz unter Ihren Text, der das Wichtigste auf den Punkt bringt. Dieses Schreibdenken könnten Sie ruhig auch mehrmals machen, so lange, bis Sie das Gefühl haben, Sie haben genug Erkenntnisse gesammelt
• Schreiben Sie nun Ihre fünf bis sieben wichtigsten Lebensweisheiten auf. Schreiben Sie dafür seriell, so wie Sie es im Kapitel »Die Frist« kennengelernt haben, als Sie an Ihre Kindheitswünsche anknüpften. Schreiben Sie mindestens fünf, vielleicht sogar acht- oder zehnmal: »Meine wichtigste Lebensweisheit ist …«,

und vervollständigen Sie den Satz jedes Mal sogleich, ohne innezuhalten. Markieren Sie die wichtigsten Erkenntnisse.

Ich schreibe ab und zu Sätze von Klienten und Seminarteilnehmern mit, hier lesen Sie einige davon zur Anregung: »Meine wichtigste Lebensweisheit ist, dass ich mich mit Menschen umgebe, die mir guttun, um zu werden, was ich bin«, »Meine wichtigste Lebensweisheit ist, naiv, staunend und im Herzen jung zu bleiben«, »Meine wichtigste Lebensweisheit ist zu wissen, dass Glück, Liebe und Erfüllung im Leben der natürliche Zustand sind«, »Meine wichtigste Lebensweisheit ist, dass ich mich zurücklehnen kann – alles kommt, wie es kommen soll, und ich muss nicht kämpfen«, »Meine wichtigste Lebensweisheit ist, alles in Ruhe zu tun«.

Fünf Darstellungsideen auswählen

Gleich wählen Sie aus, wie Sie Ihre »letzte Vorlesung« gestalten, so dass Sie weitere Erkenntnisse gewinnen und sie Ihren Zuhörern gut vermitteln können. In den bisherigen Kapiteln haben Sie nur für sich geschrieben. Nun schreiben und gestalten Sie für sich *und* für andere. Entweder am Computer mit einer Präsentationssoftware beziehungsweise einem Textverarbeitungsprogramm. Sie können aber auch ohne Computer arbeiten: Handschriftlich und mit herkömmlichem Werkzeug wie Klebstoff und Schere stellen Sie Fotos, Kopien und weiteres Anschauungsmaterial zusammen. Ihre »letzte Vorlesung« wird eine Schatzkiste Ihrer Lebenserkenntnisse, in der Sie und andere stöbern können. Gestalten Sie sie voller Phantasie, und schaffen Sie ein sehr persönliches Kunstwerk.

• Lesen Sie sich die folgende Liste durch. Wählen Sie dann ungefähr fünf Vorschläge aus, die Sie anschließend umsetzen: Wozu haben Sie Lust bei der Gestaltung Ihrer Vorlesung? Lassen Sie sich inspirieren für einen spannenden und abwechslungsreichen Vortrag, bei dem Sie nicht auf ausgetretenen Ideenpfaden wandeln, sondern ganz Neues zutage fördern.

- *Lebensbereiche (Tortendiagramm):* Zeichnen Sie ein Tortendiagramm. Welche Lebensbereiche nehmen in Ihrem heutigen Leben wie viel Raum ein? Plazieren Sie daneben Ihre Idealtorte: Welche Lebensbereiche sollten mehr, welche weniger Raum einnehmen? Sie können sich dafür an einer Einteilung mit sechs Lebensbereichen orientieren: »intellektuelle Entwicklung«, »emotionale Bindung«, »soziale Kontakte«, »Arbeit«, »Spiritualität/Sinn« und »Gesundheit«.
- *Lebenskorrektur (Liste):* Erstellen Sie eine Liste der Dinge, die Sie anders machen würden, wenn Sie noch einmal leben könnten. Schauen Sie dafür auch in Ihren »Schreibdenktext«, mit dem Sie weiter oben in dieser Übung Ihre Lebenserkenntnisse gesammelt haben.
- *Die wichtigsten Werte (Schaubild):* Zeichnen Sie ein Schaubild, das Ihre wichtigsten Werte abbildet – in der Form, in der Sie sie vor dem inneren Auge sehen. Vielleicht entsteht eine Pyramide, oder Sie stellen sich selbst ins Zentrum und gruppieren Ihre wichtigsten Werte nahe an diesem Zentrum, die weniger wichtigen Werte weiter entfernt.
- *Fotobiographie (Bildpräsentation):* Sammeln Sie Fotos aus jeder Lebensphase – Fotos, auf denen Sie Ihrer Lieblingstätigkeit nachgehen oder mit geliebten Menschen zusammen sind. Fotos mit typischen Gesichtsausdrücken und Körperhaltungen, die Ihr Wesen zum Ausdruck bringen. Fotos von Ihren schönsten Erlebnissen, Landschaften und Wohnorten und von den wichtigsten Menschen in Ihrem Leben. Schreiben Sie dazu, warum Sie die Fotos ausgewählt haben.

- *Selbstporträt (Zeichnung, Foto, Bild):* Fotografieren oder malen beziehungsweise zeichnen Sie sich selbst, in der Körperhaltung, die zu Ihrer jetzigen Lebenshaltung passt. Lagernd wie ein Römer? Breitbeinig stehend mit ausgebreiteten Armen? Oder sitzend, die Hände ineinandergelegt, die Augen geschlossen? Es gibt ein Buch, das Ihnen dabei als Anregung dienen mag: den Bildband *Weisheit* von André Zuckerman, der beeindruckende Persönlichkeiten fotografiert hat – von Clint Eastwood über Václav Havel bis Jane Goodall. Klare, ungeschönte Porträts sind dabei entstanden, ergänzt um Texte, in denen diese Menschen ihre Lebenserkenntnisse mitteilen, ähnlich wie Sie es hier auch tun werden.

- *Fünf Weisheiten (Liste):* Was sind die fünf wichtigsten Weisheiten, die Sie anderen Menschen mit auf den Weg geben wollen? Schreiben Sie eine Liste mit fünf Punkten. Nummer eins ist die wichtigste Weisheit.

- *Fünf Weisheiten (Sprachnotiz):* Nehmen Sie Ihre wichtigsten Erkenntnisse und Weisheiten mit einem Diktiergerät oder mit einem Mikrofon für den Computer auf. Sprechen Sie diese fünf Weisheiten voller Selbstbewusstsein und Präsenz, um sie anderen so klar wie möglich zu vermitteln.

- *Lebensphilosophie (sokratischer Dialog):* Der altgriechische Philosoph Sokrates ist berühmt für seine Kunst der Gesprächsführung, die »Hebammenkunst«. Der Fragende hilft seinem Gegenüber dabei, neue Gedanken zur Welt zu bringen – ein vollkommen anderer Erkenntnisprozess als beim monologischen Denken. Machen Sie es genauso: Entwickeln Sie Ihre Lebensphilosophie in einem sokratischen Dialog. Schreiben Sie eine erste Frage auf – und antworten Sie sich schreibend selbst. Es folgt eine neue Frage, und wieder denken Sie schreibend weiter. Im anstrengungslosen Selbstgespräch entsteht dabei Ihre Lebensphilosophie.

- *Lebensphilosophie (Schaubild):* Für Menschen, die gern in (Text-)Bildern denken – zeichnen und beschreiben Sie Ihre Lebensphilosophie als Schaubild.
- *Lerngegenstände (Beweisstücke):* Sammeln Sie Fotos, Zeichnungen, Objekte, die symbolisieren, woran Sie gelernt und sich weiterentwickelt haben. Das kann das Foto Ihrer Deutschlehrerin oder Ihrer Tochter sein, ein Buchcover, Ihre Wanderstiefel, das Flugticket der Islandreise oder eine E-Mail.
- *Denkwege (Zitate):* Finden Sie Texte, die Sie besonders berührt und zum Weiterdenken angeregt haben – Gedichte, Textstellen aus Romanen, Sprichwörter. Überlegen Sie, warum diese Texte Sie in besonderer Weise berühren.
- *Wichtige Kunst (Sammlungen):* Sammeln Sie Bilder, Filmausschnitte, Romane, Erzählungen, Gedichte und Musik, die Sie beeindruckt haben. Sie könnten zum Beispiel Buchcover kopieren, Musik auf eine CD brennen oder Fotos von Kunstwerken, Autoren oder Filmschauspielern verwenden, um daran persönliche Weisheiten und Erkenntnisse zu demonstrieren.
- *Der wichtigste Rat (Plakat):* Schreiben Sie Ihren wichtigsten Rat für andere Menschen in einem Satz auf. Gestalten Sie ein Plakat, auf dem dieser Satz steht. Stellen Sie sich vor: Dieses Plakat könnte überall in der Stadt an den Plakatwänden hängen.
- *Drei Fragen:* Welche drei Fragen möchten Sie Ihren Zuhörern stellen, die diesen dabei helfen, sich über ihr eigenes Leben klarzuwerden?
- *Eigene Präsentationsidee:* Welche Ideen haben Sie darüber hinaus, wie Sie Ihre »letzte Vorlesung« gestalten könnten?

Sobald Sie Ihre »letzte Vorlesung« fertig vorbereitet haben, machen Sie sich Gedanken zu der Frage, wie Sie Ihre Erkenntnisse für Ihren Alltag nutzen können, auch langfristig – und planen Sie die Veröffentlichung.

Erkenntnisse in den Alltag übertragen

- Lesen Sie sich Ihre »letzte Vorlesung« durch, und denken Sie über folgende Fragen nach:
  - Was beschäftigt und berührt mich am meisten bei meiner »letzten Vorlesung« und warum?
  - Was lebe ich davon, und was ist bisher nur Theorie?
  - Wie kann ich meine Erkenntnisse im Alltag leben und anderen vermitteln?

- Überarbeiten Sie Ihre Vorlesung im Lauf der Zeit immer mal wieder. So wird sie mit der Zeit noch klarer und dichter.

Ihre »letzte Vorlesung« könnte sogar ein langfristiges Projekt werden, ein Dauerprojekt: Wenn Sie sich wiederholt damit beschäftigen, gelangen Sie mehr und mehr zu Ihrer persönlichen Weisheit. Wie wäre es etwa, einmal pro Jahr, zum Beispiel in der Zeit des Jahreswechsels, Ihre Präsentation zu überdenken? Übrigens: Um dranzubleiben, hilft es meist, einen Termin in den Kalender einzutragen – am besten jetzt gleich.

Veröffentlichen

Früher war die Schwelle hoch: Zu veröffentlichen hätte bedeutet, Ihre »letzte Vorlesung« in Form eines Artikels in einer Zeitschrift zu publizieren, ein Buch darüber zu schreiben oder tatsächlich einen Vortrag vor einem Auditorium zu halten. Veröffentlichen heißt hier und heute aber nichts anderes als das Folgende:

- Machen Sie anderen Menschen in *irgendeiner* Weise zugänglich, was Sie geschaffen haben, sei es mit einem Brief, in Ihrem Testament, in einer E-Mail an einen Freund oder eine Freundin oder indem Sie Ihre »letzte Vorlesung« als Datei ins Internet stellen. Bei der Internet-Variante haben Sie sogar die Chance, sehr viele Menschen zu erreichen. Ob Sie anonym oder namentlich veröffentlichen, entscheiden natürlich Sie. Für die Leser macht es möglicherweise keinen großen Unterschied.

In welcher Form Sie veröffentlichen, können Sie auch später noch entscheiden. Schließlich können Sie eine Papierversion nachträglich einscannen und sie dadurch flugs in eine Online-Version umwandeln. Und wenn Sie nicht veröffentlichen wollen, so tun Sie es eben nur in der Vorstellung.

Wie auch immer Sie sich entscheiden: Auch mit dieser Übung haben Sie – wie mit allen bisherigen und weiteren Übungen – eine gedankliche und emotionale Höchstleistung vollbracht, und Sie können stolz auf sich sein.

Verstehen

Dass ich Ihnen vorschlage, Ihre »letzte Vorlesung« ins Internet zu stellen, hat einen bestimmten Hintergrund: Sie erfahren, wie es für Sie ist, wenn Sie Ihre Lebenserkenntnisse Menschen rund um den Erdball mitteilen. Stellen Sie sich vor: An jedem Ort der Welt regt Ihre »letzte Vorlesung« jemanden zum Nachdenken über die wirklich wichtigen Fragen im Leben an. Sie motivieren andere dazu, in ähnlicher Weise über ihr Leben nachzudenken, vielleicht sogar ebenfalls eine »letzte Vorlesung« zu erarbeiten und ins Netz zu stellen. Weise Menschen teilen ihre Weisheit mit anderen. Sie entwickeln das Weltwissen weiter und fördern den globalen Austausch über wichtige, über existenzielle Themen. Genau das ist auch die Vision, die hinter der weltweit bekannten und genutzten Plattform Wikipedia steht, der Online-Enzyklopädie aus freien Inhalten in allen Sprachen der Welt: »Stellen Sie sich eine Welt vor, in der das gesamte Wissen der Menschheit jedem frei zugänglich ist. Das ist unser Ziel«, sagt Jimmy Wales, Mitbegründer von Wikipedia.

Ich habe in diesem Kapitel schon oft das Wort »Weisheit« erwähnt. Vielleicht hegen auch Sie einen geheimen Wunsch, irgendwann zu den weisen Menschen zu zählen? Irgendwann? Warum nicht schon jetzt? Ich bin sicher, auch Sie verfügen über eine persönliche Weisheit, die Sie aus Ihrer Lebenserfahrung ziehen und an andere Menschen weitergeben können. Auch Sie können etwas beitragen, um den großen Zusammenhang des Lebens immer neu und immer besser zu verstehen und Erkenntnis, Verstehen und Einsicht zu mehren. Weisheit ist eine Tugend mit einem hohen Wert, nicht nur in unserer Kultur. Überall auf der Welt sind sich Menschen über diesen hohen Wert einig. Überall streben sie danach. Ich erlebe aber leider oft, dass Menschen davor zurückscheuen, sich selbst Weisheit zuzugestehen. Weise? Das sind nur die Alten mit dem weißen Haar und den Runzeln im Gesicht, die aus achtzigjähriger Lebenserfahrung schöpfen. Ich habe da andere Erfahrungen, und die psychologische Forschung stützt das: Auch jüngere Menschen können weise sein, und Älterwerden macht nicht automatisch weise.

Weisheit – was ist das überhaupt? Wer fällt Ihnen ein, wenn Sie sich einen weisen Menschen vergegenwärtigen? Und wie würden Sie *Ihre* Form der Weisheit beschreiben? An die eigenen Weisheitsvorstellungen anzuknüpfen ist hier erst einmal das Wichtigste. Und wenn Sie gleich weiterlesen, so sollen Ihnen die folgenden Beschreibungen weiser Menschen lediglich als zusätzliche Denkanregung dienen. Bitte bedenken Sie bei der Lektüre: Es gibt nicht *den* perfekten Weisen, der jederzeit alle der folgenden Beschreibungen erfüllt.

Die Psychologin Ursula M. Staudinger hat über viele Jahre zum Thema »Weisheit« geforscht. Sie bezeichnet Weisheit als die »tiefe Einsicht und umfassende Urteilsfähigkeit in schwierigen und existenziellen Fragen des Lebens«. Weise Menschen haben Zugang zu einem breiten Selbst- und Weltwissen über grundlegende Lebensprobleme, sie wissen Bescheid über den Umgang mit Krisen und über schwierige Fragen der Lebensgestaltung. Dazu gehört auch Wissen darüber, wie sich dem Leben Sinn geben lässt. Weise blicken versöhnlich auf ihren eigenen Lebensweg zurück. Das heißt, auch bei unbequemen Erkenntnissen, eigenen Rückschlägen, Fehlern und nicht erreichten Lebenszielen sind sie in Frieden mit sich selbst. Überhaupt sehen sie Fehler nicht nur bei anderen, sondern auch bei sich und verwenden sie selbstkritisch für das eigene Lernen – genau so, wie Sie das im ersten Kapitel beim Blick auf Ihren Lebensfluss getan haben. Weise sind klug genug zu wissen, wie zerbrechlich, ungewiss und abhängig von den Umständen das Leben ist – und wer sie selbst darin sind, mit all ihren Stärken, Schwächen, Fehlern und Begrenztheiten. Sie bleiben gelassen und bewahren den Überblick, auch wenn es hoch hergeht. Sie sind selbstsicher und haben ein ausgeprägtes Gewissen. Sie denken weit in alle Richtungen und nicht in vorschnellen »Wenn-dann-« oder »Weil-deshalb«-Bezügen. Weise Menschen suchen nach Einsicht in die Gründe des Daseins, in den Zusammenhang zwischen Einzelnem und Ganzem. So auch, wenn sie Rat geben: Sie betten Lebensprobleme überlegt, aber auch voller Mitgefühl in den Zusammenhang aus Lebensgeschichte, Lebensphase und Werten ein. Wenn sie einem Menschen Rat geben, so bedenken sie zum Beispiel sein Alter, seine Lebenssituation und seine Vorbedingungen mit.

Besonders interessant finde ich den folgenden Aspekt: Weise wollen verstehen, statt über andere Menschen zu urteilen oder schlecht über sie zu reden. Sie fragen nach dem Wieso und Warum, statt in Kategorien von Gut und Schlecht zu denken. Wenn überhaupt, dann urteilen sie mit Bedacht – nicht schwarz oder weiß, sondern in allen Abstufungen des Farbspektrums. Das führt weg von dem, was viele Menschen tun: Sie schimpfen. Sie wettern auf die Umstände, auf andere Menschen und auf das, was diese ihrer Meinung nach Schlimmes tun. Und da bieten Menschen in unserem Umfeld immer genug Anlass, seien es die bösen Kollegen, Verwandten oder Nachbarn. Ebenso bieten die Medien immer frische Anlässe. Ich könnte stundenlang durch die Sender zappen, wenn ich einen Fernseher hätte, oder Zeitungen durchblättern und überall etwas für das satte Gefühl der Empörung finden.

Eben, ich könnte. Für mich ist das Zeit-, vor allem aber Kraftverschwendung. Wenn ich mich über etwas ärgere, fokussiere ich mich darauf – und sofort habe ich den Blick nicht mehr frei für das, was mir wichtig ist, für das, wo ich hinwill. Wenn ich doch einmal in eine solche Stimmung gerate, merke ich, wie sie mir schadet – und anderen nicht nutzt.

Aber fragen wir gleich weiter in dem Sinn, wie weise Menschen denken würden. Sie würden fragen: *Warum* schimpfen so viele Menschen auf anderes und andere? Und sie würden antworten: Weil sie sich durch die Abwertung selbst aufwerten. Wenn sie andere schlecht bewerten, fühlen sie sich selbst besser – die anderen, das sind diejenigen, die dumme Sachen sagen und sich unmöglich verhalten. Ich dagegen ... Der Haken an dieser Denkweise: Sie entwickeln sich nicht weiter, sie bleiben stehen. Jahre später werden sie immer noch genauso schimpfen, sie bleiben im »Schimpfstadium« stecken.

Man könnte etwas Neues ausprobieren. Man könnte den anderen zum Anlass nehmen, über sich selbst nachzudenken: Warum schimpfe ich auf diesen Menschen? Was hat das mit mir zu tun? Mag ich diese Eigenschaft an mir nicht, und kritisiere ich sie deshalb beim anderen? Wie hätte ich in dieser Situation gehandelt? Welche günstigen Bedingungen helfen mir dabei, die Sache besser zu machen? Mit solchen Überlegungen lernt man sich selbst besser kennen und gelangt über das Stadium des Schimpfens hinaus.

Das ist die eine Möglichkeit: die Umstände und andere Menschen zum Anlass nehmen, um über sich selbst nachzudenken. Die andere Fragerichtung zielt auf denjenigen, über den Sie sich ärgern: Warum tut dieser Mensch das? Was sind seine Beweggründe? Wer hat ihn so behandelt, wie er heute andere behandelt? Was würde ihm helfen, sich zu verändern? So helfen sie dem anderen möglicherweise sogar und erweitern zugleich Ihr Wissen um die Vielfalt der Denk- und Lebensweisen. Sie müssen auch weniger damit hadern, warum Menschen schlecht sind oder Böses tun.

Die Beweggründe des anderen zu verstehen und ihm dadurch vielleicht schließlich auch zu vergeben kann sogar gelingen, wenn Sie selbst schlecht behandelt werden. Falls man persönlich betroffen ist, wird das allerdings eine der schwersten Übungen in Weisheit sein, so scheint mir. Doch auch dafür gibt es Vorbilder, die bei der eigenen Aussöhnung mit erlebtem Unrecht helfen können: die »Wahrheits-« und »Versöhnungskommissionen« etwa, die nach dem Übergang von einer Diktatur zur Demokratie oder in ehemaligen Bürgerkriegsgebieten eingerichtet werden. Sie legen vor allem politisch motivierte Verbrechen offen. Täter und Opfer stehen sich gegenüber. So haben manche Opfer die Möglichkeit, sich mit den Tätern auszusöhnen, die sie einst bedroht, misshandelt oder andere Greueltaten an ihnen verübt haben. Die Beweggründe der Täter zu verstehen und ihre Reue zu erleben kann dabei helfen. So waren etwa manche Täter Kindersoldaten, also selbst wiederum Opfer. Was für eine unvorstellbare Kraftanstrengung muss dieses Aussöhnen bedeuten – und trotzdem sind manche dazu fähig. Ich habe den tiefsten Respekt vor Menschen, denen es gelingt, über das eigene Leid hinauszublicken. Aber warum bemühen sich überhaupt so viele Menschen um Versöhnung? Weil es möglicherweise der einzige Weg ist, inneren Frieden zu finden. Und viel mehr wird auch Ihnen in manchen Fällen nicht übrigbleiben: Entweder Sie werden bitter, oder Sie werden weise.

Vor kurzem bekam ich eine E-Mail von einer ehemaligen Schulfreundin. Sie hatte meinen E-Mail-Newsletter gelesen und schrieb mir dazu eine beachtliche Ansammlung merkwürdiger Vorwürfe und Abwertungen. Ich hätte mich angegriffen fühlen und beleidigt mit einer scharfen Antwort reagieren können. Zum Glück gelang es mir, die freie Entscheidung zu fühlen: Ich kann mich in Ärger, Aufregung oder Beleidigtsein hineinsteigern – ich kann es aber auch lassen. Das gelingt mir natürlich nicht immer, aber immer öfter, denn ich übe es hartnäckig. Kaum hatte ich mich für die gelassene Variante entschieden, wurde es interessant: Augenblicklich rückte die Situation der Schreiberin in mein Blickfeld, ihre Unzufriedenheit mit dem eigenen Leben und ihr Wunsch, ihre Lebensweise zu rechtfertigen. Ich überlegte noch kurz, ob und was von ihren Worten für mich ein Anlass zum Nachdenken sein könnte. Etwas wehmütig klickte ich dann auf »Löschen«. Ich denke weiter freundlich an sie – schließlich war sie zu Schulzeiten meine Freundin –, werde sie aber aus meinem E-Mail-Verteiler nehmen.

Das ist wie ein Trainingsprogramm: Wenn Sie sich darin üben, erst innezuhalten und Zusammenhänge herzustellen, bevor

Sie reagieren, sind Sie mit der Zeit immer weniger leicht kränkbar und beziehen immer seltener etwas auf sich. Sie fühlen sich nicht mehr so leicht persönlich angegriffen oder in Frage gestellt. Immer mehr Unbedachtheiten, falsch Verstandenes, aber auch echte Angriffe gleiten mit der Zeit an Ihrer Gelassenheit und inneren Festigkeit ab. So tun Sie einen großen Schritt auf dem Weg zu mehr Weisheit und innerer Größe. All diese Beschreibungen von Weisheit – ein unerreichbares Idealbild? Ich meine nicht. Wir können versuchen, uns daran anzunähern. Der Weg ist das Ziel, und nach Weisheit kann man ruhig sein Leben lang streben. Es gibt nicht »den perfekt weisen Menschen«, und die Einschätzung, ob man weise ist oder nicht, kann man getrost anderen überlassen. »Ich und weise?«, fragte eine Klientin mich erstaunt, nachdem sie mir gerade Ausschnitte aus ihrer umfassenden Lebensphilosophie erzählt und ich das Wort »weise« ins Spiel gebracht hatte. Danach ließ sie diese Idee nicht mehr los, und nach und nach sah sie sich in Beziehungen zu anderen Menschen immer weniger als die Hilfsbedürftige, dafür zunehmend als die starke, ältere, weise Ratgeberin.

Wer in Hinblick auf Weisheit sein Licht unter den Scheffel stellt, beschränkt sich in seinen Denk- und Entwicklungsmöglichkeiten und enthält möglicherweise anderen etwas vor. Gehen Sie mal ein paar Wochen probeweise als weiser Mensch durchs Leben. Wie verändern sich dadurch Ihr Denken und Ihre Sichtweise der Welt? Wie fühlt sich das Leben als weiser Mensch an?

Und kann nicht auch eine 28-Jährige als weise gelten? Sie kann. Denn Weisheit hängt nicht von der Länge des Lebens oder der Menge und Art der Erfahrungen ab. Nicht der bewegte Lebenslauf zählt, sondern das, was jemand aus den Erfahrungen seines Lebens zieht und wie viel er aus ihnen lernt.

Wer zurückblickt auf ein langes Leben mit einem reichen Er-
fahrungsschatz, hat mehr Möglichkeiten gehabt, umfassendes
Verstehen zu lernen. Andererseits sind ältere Menschen oft
weniger flexibel und offen für Neues.

Kürzlich saß ich mit meinem Mann und unserem siebenjähri-
gen Sohn am Esstisch, ich erzählte ein wenig von meiner Arbeit, und wir kamen dabei auf das Thema »Lebenssinn«. Mein
Mann und ich redeten wortreich über die Frage, was unser
jeweiliger Sinn im Leben sei. Dann fragte ich meinen Sohn, ob
er sagen könne, was Lebenssinn für ihn bedeute. Er sagte nur
einen Satz: »Einfach mit euch sein.« Da waren wir still. So
schlicht und wahr kann Weisheit jenseits vieler Worte sein.

Wenn meine Klienten an ihrer »Letzten Vorlesung« arbeiten,
kommen einige von ihnen bei einem besonderen Gefühl an:
Dankbarkeit. Sie sind dankbar für das, was sie im Leben erlebt,
empfangen und erlernt haben – Begegnungen mit Menschen,
Erfahrungen und die Möglichkeit zu wachsen. Oftmals ist es
im Rückblick sogar gleich, was davon positiv oder negativ
war. Es gehört zum eigenen Leben dazu, und damit ist es gut.
Ich finde, Dankbarkeit ist ein großartiges Gefühl. Und ich kann
Ihnen versprechen: Je mehr Sie in Ihrem Leben nach Anlässen
für Dankbarkeit suchen, umso mehr werden Sie finden.

Empfehlungen zum Sehen, Hören und Lesen

Last Lecture: Achieving Your Childhood Dreams. Eineinviertelstündige Videoaufnahme der letzten Vorlesung von Randy Pausch. Sie finden diese Aufnahme im Internet bei www.youtube.com.

Weisheit. Bildband des renommierten Werbefotografen Andrew Zuckerman. Porträts und Texte von fünfzig international bekannten Persönlichkeiten aus Politik, Medien und Kultur, die uns ihre persönliche Weisheit zu den großen Fragen nach Liebe, Erfolg, Glück und Tod vor dem Hintergrund ihrer beeindruckenden Lebensgeschichten vermitteln.

»Weisheit ist leicht zu erkennen – aber schwer zu erreichen.« Die Psychologieprofessorin Ursula M. Staudinger hat am Max-Planck-Institut für Bildungsforschung zum Thema »Weisheit« Interviews mit über 1200 Menschen geführt und ausgewertet. Sie fasste sie in einem Gespräch für die Zeitschrift *Psychologie Heute* zusammen.

5. Die menschlichen Spuren – Selbstbewusstsein entwickeln

Was erzählt Ihr Sohn seinen Kindern über Sie, wenn Sie alt oder längst gestorben sind? Was soll Ihr Lebenswerk sein? Wen beglücken Sie, und wer entwickelt sich weiter dank Ihnen? In diesem Kapitel blicken Sie auf die Spuren, die Sie in der Welt hinterlassen – heute wie nach Ihrer Zeit. Sie finden heraus, was Sie bewirken und an andere Menschen und die Welt weitergeben. So verstehen Sie Ihr persönliches »Wozu«.

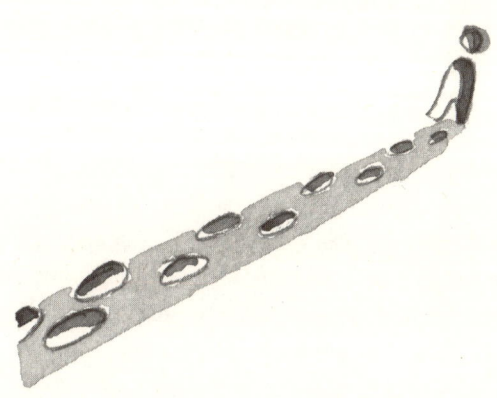

Vor vielen Jahren unterhielt ich mich bei einer Fortbildung mit einem Kollegen, der gerade Vater eines Sohnes geworden war. Er schwärmte von den winzigen Händchen, der zarten Nase, den feinen Seufzern seines Neugeborenen. Und dann sagte er einen Satz, der mir wörtlich in Erinnerung geblieben ist: »In diesem Kind lebe ich weiter, schon allein dafür lohnt es sich doch, ein Kind zu bekommen, oder?« Ich habe ihn wohl ziemlich dumm angeguckt. Denn darauf wäre ich nie gekommen, dass er kurz nach der Geburt seines ersten Kindes daran denkt, was von ihm durch dieses Kind weiterleben wird. Als ich weiter darüber nachdachte, verstand ich mehr. Ich wusste, dass für den Kollegen von klein auf die Geschichte seiner jüdischen Familie mit Erzählungen von der Ermordung Angehöriger durch die Nationalsozialisten präsent war. Er wusste besonders gut, wie leicht Leben zerstört werden kann.

Die Vorstellung meines Kollegen ist weit verbreitet: In den Erinnerungen, im Körper, im Handeln und in den Werken der eigenen Kinder lebt man selbst weiter, so die Idee, die viele Menschen beruhigt. Diese Idee ist ein Weg, der Angst vor dem Sterben zu begegnen und dem Leben einen Sinn zu geben, der über die eigene Lebensspanne hinausreicht. Bewusst oder unbewusst prägt sie die Rollen, die man den eigenen Kindern zuschreibt: Sei so, wie ich selbst bin oder sein will! Eine Mutter sagte mir einmal: »Wenigstens meine Tochter soll später das verwirklichen, was ich nicht geschafft habe.«

Aber muss man wirklich den eigenen Kindern die Bürde eines Auftrags mit auf den Weg geben, der ziemlich sicher nicht ihrem eigenen Streben entspricht? Ich bin überzeugt, es gibt direktere und verlässlichere Formen, etwas von sich in der Welt zu hinterlassen, und zwar nicht nur nach der eigenen Zeit, sondern schon jetzt, an jedem Tag. Formen der »Hinterlassenschaft«, die zudem die Kinder von einem Auftrag verschonen, der nicht zu ihnen gehört. Manche nennen das »Werke«, »etwas Sinnvolles tun«, »etwas bewirken«, »Vermächtnis«, »Hinterlassenschaft«, »Erbe« oder »Was von mir bleibt«. Ich nenne es »Spuren«.

Wenn Sie sich diese Spuren bewusster machen, so entwickeln Sie damit ein neues Selbstbewusstsein. Sie hinterlassen Spuren für andere Menschen und für die Welt. Doch welche Spuren könnten das sein? Da gibt es zum einen die offensichtlichen Spuren: Werke, die jemand geschaffen hat – ein Haus, ein Buch, einen Film, Kunst und Handwerk. Oder Geldgaben: Eine Schauspielerin spendet einen Teil ihrer Gage mal für den Aufbau einer Schule im Himalaja, mal für ein Brunnenprojekt in einer Trockenregion. Eine Unternehmerin hinterlässt ein Erbe, mit dem ihr Sohn aus finanzieller Fülle heraus eine Familie gründen kann. Und für einen alten Mann wird die Organspende zur Möglichkeit, eine Spur zu hinterlassen.

Ebenso wie materielle Spuren wirken auch immaterielle fort: Erlebnisse und Gespräche, geteilte Gefühle, Gedanken, Beziehungen und Ideen hinterlassen als Erinnerungen Spuren bei anderen Menschen. Der Geschäftsführer einer florierenden Firma ist ein Vorbild für seine Mitarbeiter, und diese führen die Firma in seinem menschenfreundlichen Geist, auch nach seinem Tod. Sie müssen dafür nicht einmal etwas tun: Schon die Ausstrahlung, die Sie umgibt, kann ein Zauber sein, der in den Gefühlserinnerungen anderer Menschen mitschwingt und sie motiviert, inspiriert und voranbringt. Auch das Mädchen, das nur ein paar Tage alt wurde, kann in den Erinnerungen seiner Familie mit voller Kraft fortleben, wenn ihr früher Tod nicht aus den Erinnerungen verdrängt wird; freundlich und still war es gewesen mit seinem sanften Wesen. Auch Ihre »letzte Vorlesung« aus dem vierten Kapitel ist eine Spur. Unsere eigenen Erfahrungen, unsere Weisheit gehören zu den stärksten Spuren, die wir schon heute an unsere Kinder und Enkelkinder weitergeben können. Und die tiefste Spur ist wohl letztlich die Liebe. »Wie und wie viel habe ich geliebt?«, fragen sich manche Menschen, die am Ende ihres Lebens stehen.

Jeder hinterlässt eine Spur. Jeder formt und verändert die Welt durch sein Dasein. Und natürlich nicht nur nach dem Tod, sondern schon heute, an jedem Tag. Das beruhigt und schafft ein Bewusstsein für den eigenen Wert. Es macht auch zufrieden, es motiviert und beglückt: so den völlig überarbeiteten Wissenschaftler, der weiß, dass Epilepsiekranke überall auf der Welt von seinen Forschungsergebnissen profitieren. Das ist seine Kraftanstrengung wert. So die alte Frau, die in ihrem Sessel sitzt und nur noch am Leben teilhat, indem sie zuschaut. Sie weiß, sie hat ihr Leben lang geliebt, und mit demselben liebenden Blick sieht sie auch heute die Schwester an, die ihr das Hemd wechselt, oder den Pfleger, der ihr das Haar kämmt. So die Mutter, die sich vorstellt, wie ihre Tochter mit achtzehn Jahren das Tagebuch lesen wird, in dem sie die Entwicklung ihres Mädchens all die Jahre lang dokumentiert hat. Das ist auch tröstlich.

Der Widerstandskämpfer Helmuth James von Moltke zum Beispiel ist sich 1944 kurz vor seiner Hinrichtung durch die Nazis gewiss: »Der Samen aber, den ich gesät habe, der wird nicht umkommen, sondern wird eines Tages seine Frucht bringen, ohne dass irgendjemand wissen wird, woher der Samen kommt und wer ihn gesät hat.«

Doch wie tief sind die Spuren, die Sie in Ihrem Leben hinterlassen? Und wie bewusst drücken Sie Ihre Spuren genau an der Stelle ein, an der Sie es möchten? Wenn ich Klienten frage, was sie heute bewirken und später hinterlassen wollen, so herrscht oft erst einmal Stille. Und dann kommen viele zu dem Schluss, von ihnen gäbe es keine großartigen Spuren. Einem erfolgreichen Geschäftsmann fällt lediglich sein Geld ein. Eine andere Klientin denkt an die Fotos aus ihrer Zeit als Model, »als ich noch schön war«.

Aber da ist mit Sicherheit mehr, und es lohnt sich, diese persönlichen Spuren aufzuspüren. Denn Spurensuche ist nicht nur hilfreich, um einmal friedlich sterben zu können, sondern auch, um sich seiner selbst und seiner besonderen Gaben und Stärken bewusster zu werden. Sie erkennen, dass Sie bedeutsam sein, etwas bewirken, also sinnvoll leben können. Fragen Sie sich, wozu Sie leben und gelebt haben. Leben Sie nicht einfach vor sich hin. Je eher Sie sich auf Ihren Lebenssinn ausrichten, desto tiefer können Ihre Spuren werden.

Aufwärmen: Die Spuren anderer

Sie benötigen Papier, am besten im Format DIN A3, sowie Schreib- und Zeichenstifte.

»Was könnte ich schon Großartiges bewirken?«, fragt Sabine, die nicht gerade mit einem stabilen Selbstwertgefühl ausgestattet ist. »Bei anderen Leuten fällt mir sofort etwas ein. Ich verfalle ständig in Bewunderung und finde alle großartig. Aber dass *ich* etwas Bleibendes zu bieten hätte? Hm.«

Na gut, denke ich. Wenn sie – wie so viele Selbstwertschwache – mehr auf andere als auf sich selbst blickt, warum das nicht nutzen?

»Dann stellen Sie sich doch jetzt einmal vor, was einer von denen, die Sie so bewundern, für Spuren hinterlässt.« Das fällt ihr leichter. Und dasselbe wie Sabine tun Sie jetzt zum Aufwärmen: Sie betreiben Spurensuche bei einem anderen Menschen, der Ihnen viel bedeutet, den Sie achten, ja bewundern für sein sinnvoll gelebtes Leben. Diese Spurensuche könnte Ihnen viel Freude

bereiten, denn Sie blicken dabei auf eine Person, die Sie besonders wertschätzen.

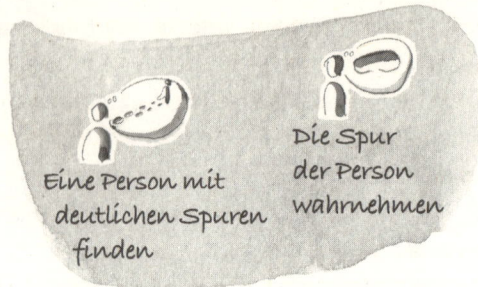

Eine Person mit deutlichen Spuren finden

Die Spur der Person wahrnehmen

Eine Person mit deutlichen Spuren finden

- Lassen Sie vor Ihrem inneren Auge Menschen vorbeiziehen, die
  Ihnen wichtig sind, die Sie achten, schätzen, lieben und bewundern. Personen, bei denen Sie glauben, dass sie deutliche Spuren
  in der Welt hinterlassen, hinterlassen werden oder hinterlassen
  haben. Lebend oder bereits verstorben? Egal. Alter? Egal. Nur
  denken Sie dabei lieber an Menschen, die Sie persönlich kennen
  oder kannten – keinen Mahatma Gandhi und keine Mutter Teresa, da ist der Abstand zu groß.
- Wählen Sie aus: Bei welcher dieser Personen wollen Sie die
  Spuren genauer betrachten? Schreiben Sie den Namen der Person auf.

Die Spur der Person wahrnehmen

- Schreibdenken Sie nun zu diesem Menschen mit folgender Frage: »Welche Spur hinterlässt diese Person – beziehungsweise

welche Spur hat sie hinterlassen?« Zum Beispiel wieder mit einem Fokussprint, den Sie aus den Übungen im dritten und vierten Kapitel kennen und bei dem Sie fünf Minuten lang so rasch wie möglich, ohne innezuhalten oder sich zu zensieren, alle Gedanken zu der Frage aufschreiben.

- Lesen Sie sich Ihren Text durch, und unterstreichen Sie, was Ihnen wichtig erscheint. Dann schreiben Sie unter den Text Ihr Fazit: »Die Spur …«

Im Folgenden sehen Sie ein Beispiel von einer Klientin, die über ihre Freundin schreibend nachdenkt. Ihr wird dadurch bewusster, wie stark sie von einer bestimmten Seite ihrer Freundin profitiert: »Welche Spur hinterlässt Stefanie bei mir? Wenn ich an sie denke, erinnere ich mich, wie wir uns im Café treffen. Ich erzähle ihr aus meinem Leben, aufgebracht, empört, aufgeregt. Sie sitzt mir gegenüber und hört lange nur zu. Dann sagt sie etwas, und ich bin überrascht, weil es ganz anders ist, als ich erwartet habe, nicht so, wie mein eigenes Denken funktioniert. Sie sagt nur einen Satz, aber der sitzt. Und dann geht die Luft aus mir raus wie aus einem Ballon, und innere Ruhe macht sich breit. Sie relativiert, sie bringt mich runter, sie erdet. Ja, es ist ihre Ruhe. Sogar jetzt, wenn ich nur an sie denke, werde ich ruhiger. – Die Spur der Ruhe.«
Das Aufwärmen hilft Ihnen wahrzunehmen, welche Spuren andere Menschen bei Ihnen hinterlassen. Als Nächstes versuchen Sie, vollkommen anders als gewohnt, also fremd zu denken. Wertfrei blicken Sie auf Ihre eigenen Spuren. Sie versuchen zu verstehen, ohne schon etwas zu wissen. Durch die größtmögliche zeitliche und räumliche Entfernung gewinnen Sie auch die größtmögliche innere Distanz. Je absurder, desto besser. Die folgende Geschichte mag Ihnen helfen, diesen fremden Blickwinkel einzunehmen.

Stell dir vor …

Erdzeit, im Jahr 5713. Auf den Kontinenten wuchert das Grün, Urwälder überziehen die Ebenen bis hinauf zu den Baumgrenzen und bis hinab zu den Meeresufern. Aus den Wäldern steigt feuchtwarme Luft und kondensiert zu Wolken, die die Sicht auf den Himmel kaum freigeben. Ein Vogelschwarm steigt aus der Krone eines eichenähnlichen Baums. Im Dickicht in Bodennähe sickern Tierrufe durch die Ranken, und Kondenswassertropfen zerplatzen auf den Blättern. Ein marderähnliches Tier, größer als ein Dachs, gleitet zwischen den Wurzeln hindurch und taucht hinter einen Baumstamm.

Zwei Sat'wen sind im Anflug auf die Erde. Sie verlangsamen ihr Reisetempo, und ihre Körper werden als feiner Schweif vor den Sternen sichtbar. Sat'wen reisen immer zu zweit – Lehrer und Schüler. Der Lehrer lebt schon länger, 7000 Erdjahre mögen es sein, und weiß deshalb mehr als der Schüler, der die Hälfte an Erdjahren zählt. Das ist der einzige Unterschied.

Die beiden Sat'wen sollen die Lebensweise der längst ausgestorbenen Spezies der Menschen erforschen, ihr Leben und Wirken. Aufgabe aller Sat'wen ist die Mehrung des Wissens über Lebensformen, die zum Wachstum der Welt beitragen oder dies einst getan haben. Ihr Planet Sat'wen Tur ist der Ausgangspunkt für Forschungsreisen in alle Regionen des Weltalls.

Wie alle Sat'wen kommunizieren die beiden mittels Gedankenströmen. Ein Gedanke ergänzt den anderen und führt ihn weiter, wiederum fortgeführt vom Gedankenstrom des anderen. Wissen und Erfahrung wachsen durch das strömende Denken beständig und – in Erdkategorien gedacht – rasend schnell.

wir spüren nur einen Menschen auf
ja, denn in einem ist alles

wir schwingen uns auf eine Spur ein
   und finden alle anderen Spuren, die dazugehören
und rekonstruieren dann die anderen Menschen und ihre
Spuren
   die Menschheit
und dennoch ist es ein Einzigartiger, wie auch wir einzigartig
sind
   zugleich verbunden und voneinander wissend
in jedem Moment, ohne einander zu stören

Die Sat'wen treten in die Erdatmosphäre ein. Ihre Körper bleiben kühl, sie schimmern graugrün und sind halb durchsichtig.
Zwischen üppigem Blattwerk fallen sie hinab bis zum Boden,
federn dort nach und nehmen sofort eine Spur auf. Sie bilden die
menschlichen Sinne aus, sehen das Grün, spüren den Wind-
hauch.

ob diese Menschen verbunden waren?
   viele waren es nicht
das spüren wir schon jetzt, und es erschwert unsere Arbeit
   ja, zu viel Kampf
belastet mit Verwirrungen
   einzeln
aber dann auch wieder gemeinsam
   erstaunlich, dieser Wechsel
so haben sie Großes vollbracht
   wir werden sehen bei dem einen
den wir aufspüren
   auffinden, was er hinterlassen hat
den ganzen Menschen erkennen
   bis wir verstehen
wie und wofür er gelebt hat

und so können wir erfahren, wie sie alle waren
und wie sie die Welt verändert haben
eine Freude für uns, dies herauszufinden
immer wieder neu
da, wir haben schon eine Spur

Sie hören den ersten Nachhall der Stimme dessen, dem sie nach-
spüren. Schon verstehen sie seine Sprache. Sie fühlen seine
Stimmungen, hören seine Gedanken, frösteln, wenn er fror; glühen auf, wenn die Haut eines anderen Menschen ihn wärmte.
Ahnen bereits, was Geborgenheit für ihn bedeutete, Liebe. Dieser Mensch war Koch, er hat in einem großen Restaurant gearbeitet, ist früh gestorben, kurz nachdem seine dritte Tochter ausgezogen war. Alle Töchter hat er so sehr geliebt, dass die Sat'wen
fühlen, wie sein Menschenherz in ihnen pocht. Sie glühen orange auf, als sich die Erkenntnis in ihnen ausbreitet, denn die Spuren, die seine Liebe in den Töchtern hinterlassen hat, reichen
über mehrere Generationen.

hier, diese besondere Spur
sie zeigt eine besondere Form der Freude
die Farbe, sie war besonders hell
heller als bei vielen anderen Menschen
er hatte sie beinah in seinem ganzen Leben dabei
hat sie weit gestreut
andere Menschen haben diese Helligkeit aufgenommen –
sie haben davon profitiert, sie mitgenommen in ihre
eigenen Leben
in die Erinnerung
damit war er Vorbild
für viele
wusste er davon?

aber nein, er war sich dessen nicht bewusst
    hat es nie erfahren, was er damit hinterlässt

Die Sat'wen glühen immer stärker, längst hat sich ihre Farbe zu Gelb und Orange hin verändert, und Tiere nähern sich, um sich an den Körpern der Sat'wen zu wärmen.

er hat seine Familie geliebt
    dort ist die Quelle seiner besonderen Freude
das ist der Kern seiner Spuren
    das ist seine stärkste Spur
nein, denn da ist etwas anderes
    ich weiß, aber das zählt kaum
auch das zählt viel
    es zählt nicht
es zählt

Der Gedankenstrom der Sat'wen stockt. Sie verfärben sich dunkelgrau und sacken auf den Erdboden, liegen dort reglos wie Steine. Einen Tag lang. Als die Sonne hinter den Bäumen weggesunken ist, kehrt der grüne Farbton in die Körper zurück. Einer der beiden Sat'wen richtet sich auf, bald auch der andere. Sie verbinden ihre Körper an einem der armähnlichen Körperteile miteinander und glühen orange auf.

wir wissen, dass in ihm Zerrissenheit war
    ja, wir haben nun unser Wissen dazu verbunden
er hat geliebt, aber nur bestimmte Menschen
    andere waren ausgeschlossen
in Gut und Böse hat er seine Welt geteilt
    andere hat er gehasst
aber das wollte er verstecken

vor sich selbst und anderen
es ist seine andere Seite
wir sehen es, es gehört dazu

Noch drei Erdentage lang sammeln die Sat'wen, dann halten sie inne.

wir haben diesen Menschen verstanden
erfasst, was er bewirkt hat
und das war viel
die Spuren sind überaus deutlich
und gut erhalten
wir kehren mit reichem Material zurück
daraus wächst ein umfassender Bericht
tiefgründig
alle werden teilhaben können
sie sehen den Film
in dem wir dokumentieren
was dieser eine war
sie werden ihn ebenso kennenlernen wie wir
Freude und Stolz, diese Menschengefühle, empfinden wir
über das, was wir gefunden haben
alle werden verstehen, was die Menschen waren
wir gehen und nehmen etwas mit

Ein kaum sichtbares Abstoßen vom Boden reicht, und die beiden Sat'wen steigen durch das Dickicht hinauf zu den Baumwipfeln. Dort verweilen sie einen Moment, treiben durch die Wolkenschicht, blicken zurück auf den blauweißen Planeten mit den grünen Kontinenten. Oberhalb der Wolken, wo der Erdhimmel dunkelblau wird, rasen sie davon und hinterlassen einen graugrünen Schweif, der bald im Schwarz des Weltalls verblasst.

Die Übung: Ihre Spuren

Sie benötigen eine Vorlage für ein Storyboard, also die zeichnerische Version eines Drehbuchs, mit der Sie einen Dokumentarfilm planen können – selbst erstellt oder zum Download von meiner Website www.ulrike-scheuermann.de. Weiterhin Schreib- und Zeichenmaterial, eventuell Farbstifte. Sie können auch Ihre persönliche Werteliste aus dem Kapitel »Die Ozeanfahrt« verwenden. Und für die beiden Teile der Gedankenreise in dieser Übung finden Sie die jeweilige Hördatei auf meiner Website.

Die eigene Sichtweise ist immer nur eine von vielen. Mit fremden Augen zu sehen eröffnet neue Perspektiven – und bei dieser Übung gilt das Motto »je fremder, desto besser«. Stellen Sie sich vor, Sie seien Sat'wen. Zu einer Zeit, die beinah jenseits unserer Vorstellungskraft liegt, besuchen Sie die Erde. So können Sie andere Spuren als die naheliegenden sehen. Und Sie können so wertfrei wie möglich auf Ihre Spuren blicken.

 ### In Gedanken weit weg reisen

- Auch Sie können durchs Weltall reisen. In der Vorstellung ist alles möglich. Schließen Sie die Augen, und stellen Sie sich vor, Sie seien einer der Sat'wen: eine graugrün schimmernde Gestalt, die sich fast schwerelos bewegt und mit umfassender Weisheit und bewertungsfreier Liebe menschliche Spuren entdeckt und sammelt. Und dieser Mensch, den die Sat'wen auswählen, um seine Spuren zu sammeln, sind zufällig … Sie! Schon sind Sie im Anflug: Die Erdkugel kommt näher, Sie sehen Ozeane, Kontinente und bald die Gegend, in der Sie leben.

Eine Person mit deutlichen Spuren finden

Die Spur der Person wahrnehmen

In Gedanken weit weg reisen

Storyboard skizzieren

Den Film vorführen

Die stärkste Spur erkennen

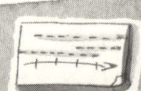

Spuren mit der Lebenszeit verknüpfen

- Sie sehen nun einzelne Spuren von sich, und es werden mehr: Was erkennen Sie? Immer deutlicher hören Sie Ihre Stimme und sogar Ihre eigenen Gedanken. Sie fühlen Ihre Lebensstimmung sowie die Gefühle, die Sie anderen Menschen und Ihrer Umwelt entgegenbringen.
- Verweilen Sie ein paar Minuten mit geschlossenen Augen. Spüren Sie die Spuren auf, die Sie hinterlassen, und ermessen Sie ihre Tiefe. Wenn Sie genug wahrgenommen haben, wenden Sie sich wieder der Außenwelt zu und öffnen die Augen.
- Notieren Sie jetzt gleich, welche Spuren Sie von sich selbst entdeckt haben.

 Ein Storyboard skizzieren

- Es wird einen Dokumentarfilm geben, der von Ihren Spuren handelt, und Sie sind der Regisseur. Skizzieren Sie ein Storyboard für diesen Film, wie es auch Profiregisseure tun. Es zeigt jede Kameraeinstellung als kleine Skizze – ergänzt um Text, der das Bild erklärt oder einen Dialog beschreibt.
- Denken Sie sich Szenen aus, in denen gezeigt wird, welche Auswirkungen Ihre Spuren haben und wie bestimmte Spuren weiterexistieren, wenn Sie schon nicht mehr leben. Das kann eine Szene sein, in der Sie mit Ihrer Tochter zusammen Geschichten erfinden. Das kann die Innenansicht eines Altenheims sein, in dessen Zimmer eine alte Dame gerade Ihren Roman liest, den Sie noch schreiben werden. Das kann der Sonntagmorgen im April sein, an dem Sie besonders zärtlich und liebevoll zu Ihrer Frau waren, als sie mit Grippe im Bett lag.

Übrigens: Wenn Sie Text und Bildskizzen kombinieren, aktivieren Sie die höchste kreative Denkleistung. Doch es geht natürlich auch ohne Bilder. Falls Sie nicht zeichnen möchten, notieren Sie einfach nur Regieanweisungen und Dialoge, etwa so wie in diesem Beispiel eines Vaters: »Szene in unserer Wohnung. Tom sitzt über einem Lego-Star-Wars-Raumschiff und baut. Zwischendurch hält er inne, guckt im Zimmer herum, dann baut er weiter. Wirkt etwas lustlos. Ich: ›Sag mal, Tom, hast du Lust, dass wir heute noch was unternehmen?‹ Tom blickt auf, irgendwie hoffnungsvoll, neugierig, aber auch verhalten: ›Joah.‹ Ich: ›Ich habe meinen Abendtermin abgesagt. Wir könnten also [Kunstpause] noch schwimmen gehen.‹ Tom, laut: ›Jaah.‹ Nächste Szene im Freibad, viel Wasserplatschen und Kinderstimmengeräusch im Hintergrund, Baumrauschen. Tom sitzt auf meinen Schultern, ich werfe ihn immer neu von dort ins Wasser. Toms Lachen und Schreien begleiten die ganze Szene: ›Nochmal … nochmal … nochmal … nochmal!‹«

 ### Den Film vorführen

Und nun folgt der zweite Teil der Gedankenreise. Sie hilft Ihnen dabei, Ihre besonders wichtigen Spuren herauszufinden:

- Schließen Sie wieder die Augen, und stellen Sie sich vor: Auf dem Planeten Sat'wen Tur versammeln sich Hunderte von Sat'wen, voller Erwartung, den Film zu erleben, der ihnen die menschliche Lebensform nahebringen wird. Die beiden Sat'wen, die Sie bereits kennen, betreten die Vorführebene. Und wieder hören Sie ihren beständigen inneren Dialog:

wir sind entzückt, dieses Menschen mit seinen Spuren gewahr geworden zu sein

nun können wir ihn vorstellen
sein Leben ist reich, und er prägt viele Spuren
        mehr, als er selbst dachte
wir beginnen
        sehen wir

- Und nun sehen Sie den Dokumentarfilm, der von Ihnen handelt und mit einem reichen Szenenwechsel zeigt, welche Spuren Sie in der Welt hinterlassen haben.

Die stärkste Spur erkennen

- Immer noch in Ihrer Gedankenreise: Was meinen Sie, an welcher Stelle im Film brandet Gemurmel auf? Welche Spur wird besonderes Aufsehen erregen? Bedenken Sie, dass die Sat'wen herausfinden wollen, wie die Menschen die Welt verändert, weiterentwickelt, erweitert haben. So kann das Gemurmel auf die Spur von Ihnen hindeuten, die besonders stark wirkt. Welche ist es? Was hören Sie?
- Kehren Sie aus Ihrer Gedankenreise wieder zurück, und öffnen Sie die Augen.
- Schreiben Sie jetzt sofort den Gedankenstrom der beiden Sat'wen auf.

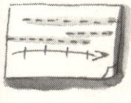

Spuren mit der Lebenszeit verknüpfen

- Nehmen Sie ein Blatt Papier, und zeichnen Sie einen Zeitstrahl darauf – er beginnt heute und bildet Ihr gesamtes weiteres Leben ab. Für die Zeit nach Ihrem Tod bleibt am Ende des Blatts noch Platz frei. Am Anfang des Blatts schreiben oder zeichnen

Sie die für Sie wichtigsten Spuren ein, die es *heute* schon gibt. Notieren Sie jetzt weitere Spuren, die erst später entstehen werden: Wo beginnen diese Spuren die ersten tieferen Abdrücke zu hinterlassen?

- Schließlich gelangen Sie zum anderen Ende des Blatts: Da sind Sie schon gestorben – welche Spuren werden Sie dort hinterlassen haben?
- Zeichnen Sie nun zu jeder Spur eine eigene Zeitlinie, die heute beginnt. Beschriften Sie Ihre Linien: Notieren Sie Antworten zu der Frage: »Was tue ich zu verschiedenen Zeitpunkten dafür, um diese starke Spur legen zu können?«

Schön, dass Sie bis hierher gekommen sind. Ich wünsche Ihnen, dass Ihre Spuren sich durch die Übung gemehrt haben und Ihnen dabei helfen, sinnvoll zu leben und die Welt mit all dem zu bereichern, was Sie beitragen können.

Verstehen

Es gibt eine berühmte Aussage des Kommunikationswissenschaftlers Paul Watzlawick: »Man kann nicht nicht kommunizieren.« Selbst wer sich vollkommen still und passiv verhält, sagt anderen damit etwas. So ist es mit allem, was wir tun oder nicht tun. Wir bewirken etwas. Auch mit kleinsten Dingen. »Wenn eine Maus das Weltall betrachtet, verändert es sich«, sagte Albert Einstein. Nun ist es jedoch leider so, dass viele Menschen nur an die ganz großen Taten denken, wenn sie über ihre Spuren nachsinnen. Und das ist aus meiner Sicht ein Problem fürs Spurenlegen. So erlebte ich es zum Beispiel bei Anton.

Anton hat ein hehres Ziel: Er will eine Organisation ins Leben

rufen, die Menschenrechtsverletzungen im Internet veröffent-
licht und durch geeignete Online-Interventionen eingreift. Er
will damit Großes bewirken. Es soll die effektivste Art werden,
die Menschenrechte zu schützen. Doch seine Idee bleibt Theorie. Er tut rein gar nichts, um einen Beitrag zum Schutz der
Menschenrechte zu leisten. Warum? Die Spur, die er hinterlassen will, ist drei Nummern zu groß für ihn. Er findet nie den
Anfang. Seit Jahren hadert er damit, arbeitet weiter an der
Idee, verrennt sich darin und vernachlässigt darüber das Nahe-
liegende, sogar seine Arbeit und seine Freundschaften.

»Wie könnten Sie kleiner denken, Schritt für Schritt?«, frage
ich ihn, aber das war vorschnell. Ich war richtig nervös geworden angesichts der Tatenlosigkeit eines verhinderten Weltver-
änderers mit Potenzial. Erst nach und nach, mit viel Zeit und
einigen Gesprächen, freundete er sich mit dem Gedanken an,
dass er parallel und sofort etwas Kleines tun kann, bis er mit
seiner großartigen Idee weitergekommen ist.

»Ich könnte mehr auf Bestehendes zurückgreifen und damit
Erfahrungen sammeln«, denkt er nach. Er abonniert die »Briefe gegen das Vergessen«, eine Aktion von Amnesty International, bei der jeder die Verantwortlichen aus den unterschied-
lichsten Ländern dazu auffordern kann, gewaltlose politische
Gefangene freizulassen. Anton erfährt, wie er ganz konkret
und mit kleinem Aufwand politischen Gefangenen hilft, denn
die Briefaktionen verändern in fast fünfzig Prozent der Fälle
etwas zum Positiven.

Alles, was Sie tun, wirkt sich in der Welt aus, das liegt außer-
halb Ihrer Entscheidung. Aber ob Sie diese Auswirkungen bewusst steuern, auch mit kleinen Taten, und so Tag für Tag an
Ihren Spuren arbeiten wollen, das entscheiden Sie. Sie entscheiden auch, wie tief diese Spuren werden sollen. Wie aber
entstehen tiefe Spuren? Ganz einfach und ganz schwer: indem

Sie sich so klar wie möglich auf das für Sie Wesentliche in Ihrem Leben fokussieren. Wenn Sie das leben, was Ihnen am wichtigsten ist, wirken Sie am stärksten. Weil Sie all Ihre Kraft, all Ihre Talente, all Ihre ganz persönlichen Stärken hineingeben können. Indem Sie etwas tun, was Ihnen entspricht, gehen Sie *mit* Ihren innersten Strebungen statt *gegen* sie. Dementsprechend ist Ihr Krafteinsatz vergleichsweise gering. Da stehen keine Widerstände, gegen die Sie anarbeiten müssten. So entsteht Gewicht. Und genau das brauchen Sie, um möglichst tiefe Abdrücke zu hinterlassen.

Spurensuche ist Stärkensuche, die Ihnen hilft, sich Ihrer selbst bewusster zu werden und Ihr Selbstwertgefühl zu stärken.

Kurz zu den Begriffen: Selbstwert ist der Eindruck oder die Bewertung, die man von sich selbst hat. Selbstbewusstsein ist zum einen das Erkennen der eigenen Persönlichkeit, aber auch das Vertrauen in sich selbst und liegt damit nahe beim Selbstwertgefühl. Und was sind Stärken? Natürlich das, worin wir stark sind. Wenn Sie herausfinden und fühlen, worin Sie am stärksten sind, so schaffen Sie damit Selbstbewusstsein, denn Sie sind sich Ihrer Stärken *bewusst;* und Sie stärken damit Ihren Selbstwert, denn Sie sind sich Ihres *Wertes* bewusst.

Nun ist es jedoch so, dass ich fast täglich erlebe, wie Menschen mit ihrer eigenen Stärke, mit ihrem Selbstbewusstsein und ihrem Selbstwert Probleme haben. Viele empfinden einen Mangel und ringen um einen Zugewinn. Manche vergleichen sich deshalb auch ständig mit anderen, die sie besser, schneller, klüger oder attraktiver finden; sie machen sich kleiner und ihr Gegenüber größer. Andere blähen ihren Selbstwert künstlich auf, finden sich großartig und blicken auf andere Menschen hinab – aus demselben Grund: Ihr Selbstwert ist nicht stabil, und sie fühlen ihre eigene Stärke nicht von innen heraus. Sie müssen sich selbst erhöhen und andere herabstufen, um ihren Selbstwert aufzubessern. Dann ist das schnelle Auto nicht einfach der Ausdruck des eigenen Erfolgs, sondern es fungiert als Ersatz für den wackligen Selbstwert, und andere müssen damit überholt werden. Ebenso soll der dicke Chefsessel bei einem selbstwertschwachen Menschen für das richtige Chefgefühl sorgen – anstelle eines stabilen Selbstwertgefühls. Wieder andere gleichen ihren Selbstwertmangel aus, indem sie all ihre Kraft in perfekte Leistungen, berufliche Erfolge, hohes Einkommen, ewige Schönheit oder verausgabendes Helfen investieren.

Natürlich, Erfolge in jeglicher Form sind ein probates Mittel, um sich aufzuwerten. Sie sind ein Teil des Selbstwerts, und es ist gut, seine Stärken im Erfolg zu spüren. Doch ein stabiles Selbstwertgefühl wird auch aus einer unabhängigen inneren Quelle gespeist, einem Gefühl des »Ich bin wertvoll«, das weiterexistiert, wenn alle äußeren Aufwertungen wegfallen. Stellen Sie sich vor, Sie würden schwer krank, könnten nicht mehr arbeiten, würden verarmen, altern, unansehnlich und von anderen abhängig werden – was bliebe dann? Da ist noch etwas.

Schauen wir uns deshalb das Thema »innere Stärke, Selbstbewusstsein und Selbstwertgefühl« noch etwas genauer an. Wie kann man sich seiner Stärken bewusster und damit selbstbewusster werden? Zum Beispiel durch die Umdeutung von Schwächen in Stärken. Was Stärke und was Schwäche ist, ist vielfach eine Bewertungsfrage, geprägt von den gerade herrschenden gesellschaftlichen Werten. Beispiel Körperumfang: Je nach persönlichem und kulturellem Wertesystem und abhängig vom Nahrungsangebot gilt Schlankheit als schick oder als bemitleidenswert. Ebenso verhält es sich mit inneren Stärken: Die zurückgezogene, ernsthafte und tiefgründige Art des Introvertierten ist in unserer Gesellschaft gegenwärtig offenbar weniger wert als das unbekümmerte Drauflosreden des

Extravertierten. In zehn Jahren mag sich das Blatt vollständig gewendet haben, bis dahin müssen Introvertierte sich ihren Selbstwert eben stärker selbst zusprechen.

Nun ist aber zum Glück die gesellschaftliche Abschätzung nur *ein* Bewertungsaspekt. Jeder kann für sich ebenfalls entscheiden, was ihm seine Eigenschaften wert sind. Und das geht eigentlich ganz einfach. Das Zauberwort heißt »Umdeuten«, der Fachbegriff in Therapie und Coaching ist dafür »Reframing« – in einen anderen Rahmen stellen. Versuchen Sie es einmal: Nehmen Sie eine Eigenschaft, die Sie an sich nicht besonders mögen, und deuten Sie sie um, indem Sie diese ungeliebte Eigenschaft komplett anders bewerten.

Dazu ein Beispiel von einer Klientin, Nicola, die den folgenden Gedanken umdeutet: »Andere heimsen Erfolge ein, aber ich würde am liebsten schon um zwei Uhr Feierabend machen, wenn ich müde werde. Ich bin faul und unmotiviert.« Nicola deutet dies um und formuliert neu: »Ich habe ein gutes Gespür dafür, wann meine persönliche Kraftgrenze erreicht ist, und achte auf meine körperliche Verfassung. Ich gehe *mit* meiner Energie statt *gegen* sie. Ich ruhe in mir, ohne auf äußere Erfolge angewiesen zu sein.«

Prüfen Sie bei Ihren eigenen Umdeutungen: Können Sie ihnen voll zustimmen? Entsprechen sie vielleicht viel mehr Ihrem persönlichen Streben als die bisherigen Bewertungen? Wenn ja, dann haben Sie eine wertvolle Eigenschaft hinzugewonnen und eine Selbstabwertung eingespart. Es ist aber auch der andere Fall vorstellbar: Kommt Ihnen die Umdeutung schräg und unstimmig oder gar zynisch vor, dann passt sie nicht. Nicola würde es dann möglicherweise eher guttun, mit mehr Engagement zu arbeiten oder sich eine interessantere Arbeit zu suchen und über diesen Weg zu mehr Selbstbewusstsein zu gelangen.

So elegant und wirksam dieses Umdeuten auch sein mag, so wird es doch nicht gelingen, alles aus sich selbst heraus zu bewerten. Oft braucht es eben doch eine andere Kraft – die Kraft des Gegenübers. Und so ist ein zweiter Aspekt eines stabilen Selbstbewusstseins das Feedback, das jeder von uns benötigt, um seine Stärken besser zu sehen und zu spüren. Das Bedürfnis nach Bestätigung ist tief in uns verwurzelt. Wir alle sind auf Bestätigung von außen angewiesen. Gesehen zu werden ist ein Grundbedürfnis des Menschen.

Nein, ich meine nicht die Sicht auf die äußere Hülle, die glatte Haut, den frischen Teint, die schlanke Silhouette. Das sind schöne Beigaben, aber nicht das Wesentliche. Ich meine die Sicht eines anderen Menschen auf die eigenen, inneren Stärken. Menschen blühen auf, wenn sie wertgeschätzt, wirklich gesehen und anerkannt werden. Sie beginnen förmlich zu leuchten und zu strahlen, etwa im Coaching, wenn ich jemandem ein Feedback gebe, das ihn innerlich berührt und seinen Wesenskern trifft. Im Kapitel »Der Eintrag im Tagebuch« üben Sie, einen anderen Menschen besser zu »erkennen«. Wer sich zuinnerst erkannt fühlt, empfindet sich als wertvoll und kann in das hineinwachsen, was von ihm gesehen wird. Er entfaltet sich. Glücklich kann sich schätzen, wer auf einen anderen Menschen trifft, der diese Größe in ihm sehen kann.

Die Sat'wen, von denen ich in diesem Kapitel erzählt habe, reisen immer zu zweit. Sie forschen, denken und erleben zu zweit. Der Impuls des einen stößt im Erleben des anderen etwas an, und so geht die Entwicklung fort in einem beständigen Fluss gegenseitiger Inspiration und Förderung. Es fiel mir nicht leicht, diese Geschichte zu schreiben. Kaum war sie fertig, empfand ich sie als zu skurril und wollte eine neue schreiben. Aber dann habe ich mit einem Freund darüber gesprochen. Er fand sie gut: anders, neu, merkwürdig und gerade deshalb interessant. Wir haben gemeinsam überlegt, wie ich mehr Spannung erzeugen kann. Jetzt erleben die Sat'wen in der Geschichte einen Konflikt, den sie auf ungewöhnliche Weise verarbeiten: Sie sind irritiert, werden still und knüpfen schließlich auf einem neuen Niveau wieder an den gemeinsamen Denkprozess an. Sie integrieren, anstatt sich der Sichtweise des jeweils anderen entgegenzustellen.

Und darin ist der dritte Aspekt für die Entwicklung von Selbstbewusstsein geborgen: die Entwicklung in Beziehung. Sicher, dazu gehört das Gesehenwerden durch ein Gegenüber, worüber ich weiter oben geschrieben habe: Dabei stehen Sie einem anderen Menschen gegenüber und fühlen sich in Ihrem Wesen erkannt und wertgeschätzt. So wächst Selbstwert. Doch jetzt meine ich eine andere Facette von Entwicklung in Beziehung: die gemeinsame Entwicklung *neben* einem anderen Menschen. Dazu passt das Bild von zwei Menschen, die – den Blick nach vorne gerichtet – nebeneinander gehen, sich innerlich miteinander verbunden fühlen und dennoch unabhängig voneinander das tun, was ihnen wichtig ist. Sie wissen voneinander, sie achten aufeinander, sie sind aufeinander eingestimmt.

Dieser andere Mensch kann jeder sein: Freund, Familienmitglied, Liebespartner, Kollegin, Nachbarin.

In diesem gemeinsamen Voneinander-Lernen, wie es die Sat'wen tun, wachsen Selbstbewusstsein und Selbstwert. Denn wer vom anderen etwas lernt, wird vollständiger und damit innerlich größer. Manches davon ist Lernen am Vorbild: Sei es, zum ersten Mal vehement für sein Recht einzustehen nach einer Ungerechtigkeit, was mit einem Mal gelingt, weil eine Kollegin ein Vorbild dafür gibt. Sei es, die Vorwürfe beiseitezulassen und sich auf die guten Seiten des Kollegen zu fokussieren, weil man sich diese Grundhaltung von einem Freund abgucken kann. Oder sei es, liebevoll gewährend statt reglementierend mit seinem Kind zu sprechen und dies vom Partner zu übernehmen, der schon drei Kinder aus erster Ehe großgezogen hat.

Nicht nur Lernen am Vorbild, auch Lernen durch Wunsch und Kritik lässt Sie innerlich wachsen: Wenn Ihre Tochter sich von Ihnen wünscht, dass Sie mit ihr ein Märchen aufführen, so können Sie sagen: »Ach, das liegt mir nicht, spiele das lieber mit einer Freundin.« Oder Sie können es zum Anlass nehmen, um eine draufgängerische Geschichte mit Drachen, Mäusen und Wichteln zu inszenieren, die Sie in eine ungeahnt kreative Stimmung katapultiert. Und wenn ein Freund Ihnen vorwirft, dass Sie ihm nicht auf seine E-Mails antworten, können Sie sich mit Arbeitsüberlastung rechtfertigen, Sie können aber auch überlegen, ob Sie Ihre Freundschaftsbeziehungen vernachlässigen und dadurch einen Bereich Ihres Lebens verkümmern lassen, der Ihnen eigentlich viel wert ist.

Die Möglichkeiten sind endlos, und ein Leben reicht wohl kaum, um durch und mit anderen Menschen zu lernen. Das Problem sind denn auch weniger die fehlenden Lernmöglichkeiten, sondern vielmehr, dass wir oft nicht bereit sind, sie zu sehen. Und diese Blindheit tritt gerne immer dann ein, wenn ein schwieriger Lernschritt bevorsteht. Gerade dann neigen wir dazu, den anderen abzulehnen: »Der ist blöd, die bringt mich auf die Palme, mit dem will ich nichts mehr zu tun haben.« Solche Empfindungen können wir eigentlich wie ein Weckerklingeln als Signal nehmen, um zu untersuchen: Was nervt mich gerade – und warum? Und dann kommen wir meist schnell darauf: Das ist der eigene Schatten, den ich im anderen erkenne und dort bekämpfe. Die Dinge, auf die wir bei uns selbst lieber keinen Scheinwerfer richten, sind die Kehrseite unserer Persönlichkeit: Den einen stört die kindliche Art der Kollegin, den anderen das arrogante Gehabe des Chefs. Ihre neue Standardfrage, wenn Sie die Eigenschaft oder das Verhalten eines anderen Menschen ablehnen, könnte also sein: »Was von dem, was ich beim anderen ablehne, verkörpere ich selbst, und wie kann ich es annehmen und verändern?« Vielleicht wünscht sich der Kollege, auch einmal frei von drückender Verantwortung zu sein wie die kindliche Kollegin; und der Mitarbeiter des Chefs urteilt selbst oft genug arrogant über andere. Wenn es Ihnen gelingt, die abgelehnten Eigenschaften ans Licht zu holen – bewusst zu machen, anzuerkennen und eventuell zu verändern –, so werden Sie sich Ihrer selbst bewusster und wachsen innerlich.

Gemeinsame Entwicklung geschieht also auf zwei Seiten des Weges: sowohl auf der sonnengefluteten Seite im gegenseitigen Sich-Einstimmen und Nachahmen als auch auf der schattigen Wegseite – im Akzeptieren der verneinten, verborgenen Seiten der eigenen Persönlichkeit.

Die Sat'wen lösen ihren Konflikt, indem sie in sich zusammensinken und in einem inneren Prozess, den wir als Betrachter nur erahnen, die Sichtweise des anderen integrieren. Wie sieht Ihre persönliche Art zu integrieren aus? Wie sind Sie bisher dadurch innerlich gewachsen? Und mit wem?

Ich habe Ihnen von drei Aspekten erzählt, die den eigenen Selbstwert stärken können: Der eine – das Umdeuten – hilft, Stärken neu zu definieren; der zweite – die wertschätzende, erkennende Sicht eines Menschen – kann für diesen überaus aufbauend, ja beflügelnd wirken. Der dritte – die gemeinsame Entwicklung in Beziehung – stärkt Ihr Selbstbewusstsein durch inneres Wachstum.

Darüber hinaus gibt es noch einen weiteren Aspekt, der seine Kraft in die eine oder andere Richtung entfalten kann und den ich sogar recht häufig erlebe. Dazu erzähle ich Ihnen ein Beispiel von einer hochbegabten Klientin, die ich beim Schreiben ihrer Doktorarbeit unterstützt habe.

Sie sprach mit hoher Stimme, die sie fast kindlich wirken ließ. Kindlich wollte sie scheinbar auch bleiben, denn ohne äußeren Grund schob sie die Abgabe ihrer Doktorarbeit immer weiter hinaus und vermied dadurch, den nächsten beruflichen Entwicklungsschritt abzuschließen. Irgendwann wurde deutlich: Sie gestaltete ihr Leben unbewusst so, dass sie nicht erwachsen werden musste und in der Mitte ihrer Möglichkeiten vor sich hin dümpeln konnte. Sicher, so ersparte sie sich zum Beispiel, ihren Standpunkt öffentlich vertreten zu müssen und Gegenwind von Kollegen zu riskieren. Aber zugleich versperrte sie sich auch den Zugang zu einem Leben, in dem sie mit all ihren Begabungen Großes bewirken könnte.

»Unsere tiefste Angst ist nicht die, dass wir unzulänglich sind. Unsere tiefste Angst ist die, das wir über die Maßen machtvoll sind. Es ist unser Licht, nicht unsere Dunkelheit, das uns am meisten erschreckt«, schreibt die US-amerikanische Bestsellerautorin Marianne Williamson in ihrem Buch *Rückkehr zur Liebe*. Die Passage ist über das Internet weltweit bekannt geworden, unter anderem, weil sie irrtümlich Nelson Mandela und seiner Antrittsrede zugeschrieben wird. Die besondere Aufmerksamkeit zeigt in jedem Fall, dass sich viele Menschen von der Aussage angesprochen fühlen. (Das ausführlichere Zitat finden Sie am Ende dieses Kapitels.)

Oftmals bleiben wir deutlich jenseits dessen, was wir schaffen und erreichen, womit wir Spuren hinterlassen könnten. Unfokussiertheit, Unkenntnis der größten Stärken und Vergesslichkeit in Hinblick auf die eigene Berufung mischen sich, und bestimmt ist auch Bequemlichkeit im Spiel. Dahinter liegt meist ein Zurückscheuen davor, aus der Masse herauszuragen, Neid auf sich zu ziehen, Verantwortung zugesprochen zu bekommen und die Verpflichtung eines mit voller Kraft gelebten Lebens einzugehen. Die Gegenkräfte, die Ihnen in diese größten

Stärken hineinhelfen können, sind Mut und Lust, die eigenen Stärken zu leben.

Selbstbewusstsein, Stärken, Spuren. Das sind verschiedene Wörter, die im Kontext dieses Kapitels für ein- und dasselbe stehen: für die Kraft eines voller Begeisterung, Engagement und Nachdruck gelebten Lebens, das Spuren bei anderen Menschen und in der Welt hinterlässt – zu Lebzeiten wie auch darüber hinaus.

Empfehlungen zum Lesen

Die Welt ohne uns. Reise über eine unbevölkerte Erde. »Was wäre, wenn der Mensch plötzlich von der Erde verschwinden würde? Erobert die Natur alles zurück, was der Mensch in Jahrtausenden geschaffen hat? Welche Spuren bleiben von uns?« Der Wissenschaftsjournalist Alan Weisman hat sich diese Fragen gestellt und in seinem Bestseller zu Ende gedacht. Beim Lesen wird der Blick in die Zukunft konkret vorstellbar, und auch der Blick von dort aus zurück aufs Heute gelingt leichter.

Rückkehr zur Liebe. Marianne Williamson hat sich in ihrer Lebenseinstellung maßgeblich von dem spirituellen Klassiker *Ein Kurs in Wundern* inspirieren lassen. Dessen Weisheit interpretiert sie hier besonders lebensnah und einfühlsam. Ihre bekannt gewordene Textpassage können Sie auf den Seiten 180 und 181 lesen: »Unsere tiefste Angst ist nicht die, dass wir unzulänglich sind. Unsere tiefste Angst ist die, dass wir über die Maßen machtvoll sind. Es ist unser Licht, nicht unsere Dunkelheit, das uns am meisten erschreckt. Wir fragen uns: Wer bin ich denn, dass ich so brillant, großartig, talentiert, fabelhaft sein sollte? Aber wer sind Sie denn, dass Sie es nicht sein sollten? Sie sind ein Kind Gottes. Wenn Sie sich selbst kleinmachen, dient das der Welt nicht. Es hat nichts von Erleuchtung an sich, wenn Sie sich so schrumpfen lassen, dass andere Leute sich nicht mehr durch Sie verunsichert fühlen. Wir sollen alle so leuchten wie die Kinder. Wir sind dazu geboren, die Herrlichkeit Gottes in uns zu manifestieren. Sie existiert in allen von uns, nicht nur in ein paar Menschen, und wenn wir unser eigenes Licht leuchten lassen, erlauben wir auch unbewusst anderen Menschen, das Gleiche zu tun. Wenn wir von unserer eigenen Furcht befreit sind, befreit unsere Gegenwart automatisch auch andere.«

6. Die drei Briefe –
Beziehungen heilen

In diesem Kapitel denken Sie über wichtige Beziehungen nach. Aber nicht nur das. Sie versöhnen sich mit einem Menschen, mit dem es einen Konflikt gegeben hat. Sie fassen Liebe in neue Worte. Sie klären eine Beziehung, in der bisher etwas offen und ungesagt geblieben ist.

»Ken ist der liebevollste Mann, den ich mir denken kann«, sagt Gabriela und schaut dabei in eine Ecke des Raumes. Seit 30 Jahren liebt sie ihren Mann. Allabendlich schläft sie neben ihm ein, und seine Nähe tröstet sie, wenn sie bedrückt oder traurig ist. Wenn sie sich verzagt fühlt, ist er kraftvoll und stark. Wenn Sie mutig ist, freut er sich. Wenn Sie hadert, wartet er freundlich. Sie lässt ihren Mann in einem Maß teilhaben an ihrem Leben, wie sie es mit keinem anderen Menschen je erlebt hat. Manchmal steht er neben ihr und legt still den Arm um sie. Aber dann, mitten in einem Gespräch oder an der Supermarktkasse, ist er plötzlich verschwunden und taucht erst am Abend wieder auf.

Ken ist seit 27 Jahren tot. Er lebt lediglich in Gabrielas Phantasie. Vor 30 Jahren verliebten sich Ken und Gabriela und schwärmten zwei Jahre gemeinsam durchs Leben. Sie versprühten Euphorie und Kraft, wohin sie auch kamen. Dann erkrankte Ken an Hautkrebs. Ein Jahr später starb er. Gabriela blieb zurück und wandelte in der ersten Zeit wie ein Roboter durch ihr Leben. Schließlich überwand sie ihre uferlose Trauer mit einem Trick: Sie ließ ihren Mann in der Phantasie weiterleben. Sie schloss ihr Lehramtsstudium ab und unterrichtet seitdem an einer Grundschule. Sie hat andere Männer kennengelernt, merkwürdig flüchtige Bekanntschaften, die sie nicht Beziehungen nennen will; sie hielten zwei Jahre, drei Jahre, eine sogar fünf. Man trennte sich im Guten. Gabriela ist eine anmutige, zierliche Frau, ihr Blick wirkt auf mich wie nach innen gewandt. Sie möchte etwas ändern in ihrem Leben. Sie will den Schleier lüften, der auf ihrer Welt liegt und sie von anderen Menschen trennt.

Ich erzähle Ihnen von Gabriela, weil ihr Beispiel zeigt, wie stark die innere Verbindung mit einem anderen Menschen sein kann, ob er nun bereits tot ist, auf der anderen Seite der Erde oder im Nachbarhaus lebt. Wohl fast jeder hat Beziehungen, in denen etwas unabgeschlossen geblieben ist. Wenn morgen Ihr letzter Tag wäre und Sie an die Menschen in Ihrem Leben dächten, könnten Sie sagen: »Alles ist gesagt und getan«? Wenn ja, dann könnten Sie nun in aller Ruhe einen Liebesbrief schreiben. Wenn nicht, so ist jetzt der richtige Zeitpunkt, um belastete Beziehungen zu klären, vernachlässigte mehr wertzuschätzen, sich aus unpassenden zu verabschieden, oberflächliche tiefer zu entwickeln, verwundete zu heilen, ungewünschte abzuschließen und gewünschte, aber ungelebte endlich zu leben.

In Beziehung sein – das bedeutet für jeden Menschen zu jeder Zeit und in jeder Beziehung etwas anderes, zum Beispiel einem geliebten Menschen innerlich nahe sein, einem anderen Menschen Stärke und Kraft geben, Schwäche zeigen und gemeinsam in die Tiefe gehen. Für Gabriela bedeutet es, sich nach und nach aus der Beziehung zu ihrem verstorbenen Mann zu verabschieden. Als ich ihr vorschlage, einen Brief an Ken zu schreiben, ist sie zuerst skeptisch. Sie ist den stummen, inneren Dialog mit ihm gewöhnt und fürchtet, ein Brief würde die stille Zweisamkeit stören. Ich bleibe hartnäckig, weil ich glaube, dass durch das Schreiben etwas bei ihr in Bewegung kommen könnte. Und nach einigem Hin und Her findet sie Gefallen am Briefeschreiben. Schon bald schreibt sie Ken jeden Tag. Sie druckt die Briefe aus und legt sie in eine Schublade der alten Kommode, die Ken damals in ihre Ehe eingebracht hatte. Drei Monate lang schreibt sie Brief um Brief; sie erzählt aus ihrem Alltag, und sie wirft ihm vor, dass er so früh gegangen ist. Oftmals sind es nur kurze Nachrichten. Mit der Zeit schreibt sie weniger an ihn und mehr an sich selbst. Und dann kommt der Morgen, an dem sie noch vor dem ersten Wort ihre Hände ineinanderlegt und still sitzen bleibt. Kein inneres Gespräch mit Ken mehr.

Mich hat Gabrielas Geschichte sehr berührt, ihre Art der Treue ebenso wir ihr Wille, an der Beziehung zu Ken etwas zu verändern. Ihr Beispiel zeigt nicht nur, wie stark die innere Bindung an einen anderen Menschen sein kann. Es zeigt auch, wie Briefeschreiben Beziehungen weiterentwickeln und heilen kann – gleich, ob reale oder solche, die überwiegend in der Vorstellung existieren. Nach und nach integriert Gabriela mit ihren Briefen all das in ihre eigene Person, was Ken für sie bedeutet hat. Sie beruhigt sich selbst, wenn sie in Sorge ist, und braucht Ken immer weniger dafür. Sie geht verständnisvoller mit sich selbst um. Sie trägt ihre Freude zu anderen Menschen und teilt sie nicht mehr mit Ken. So kann Heilung in Beziehungen funktionieren: Nicht mehr das Gegenüber verkörpert die Persönlichkeitseigenschaften, die jemand sich wünscht, aber nicht selbst lebt. Stattdessen werden diese Seiten Teil der eigenen Person.

Mit aller Kraft Beziehung gestalten. Loslassen von Wünschen an den anderen und dadurch innerlich frei werden. Das Wesen des anderen erkennen. Das sind Aspekte von Beziehung, die wir in diesem Kapitel betrachten. Zum ersten Aspekt: Um in der Beziehung zu einem anderen Menschen innerlich zu wachsen, ist wohl die Grundvoraussetzung, dass Sie mit aller Kraft die Beziehung gestalten. Um diese Kraft aufzubringen, hilft der Gedanke, dass jedes Gespräch, jedes gemeinsame Lachen oder Streiten das letzte sein kann. Ich habe manchmal, wenn ich eine Freundin oder einen Kollegen treffe, solch einen kleinen Nebengedanken dabei und frage mich: Was möchte ich noch sagen oder tun, bevor es nicht mehr geht? Was werde ich bedauern, nicht ausgesprochen zu haben? Genau diesen Nebengedanken haben Sie in der Übung und schreiben damit drei Briefe an verschiedene Empfänger: Sie sprechen Ihre Liebe aus, Sie klären einen Konflikt, und Sie

äußern in einem dritten Brief das, was sonst noch offenge-
blieben ist.

Ein weiterer Aspekt des »Beziehungheilens« ist das Loslassen:
Mir begegnen immer wieder Menschen, vor allem Frauen, die
sehr viel besser lebten, nachdem sie sich von ihrem Wunsch
verabschiedet hatten, der andere möge sich verändern und so
werden, wie sie ihn haben wollen, nämlich aufmerksamer, zu-
gewandter, liebevoller oder was auch immer. Zuvor hatten sie
versucht, ihren Wunsch zu verwirklichen – und waren immer
wieder gescheitert. Wer dennoch an seinen Wünschen festhält,
ist an sie gebunden, fühlt sich enttäuscht und macht dem anderen bald Vorwürfe. Die Beziehung wird dann oft bitter. Erst
durch das Loslassen der eigenen Hoffnungen und Wünsche
können Sie frei entscheiden, wie Sie die Beziehung weiter gestalten wollen. Übrigens: Manchmal erfüllt sich ein Wunsch
gerade dann, wenn man ihn loslässt. Leider kann man das
nicht planen. Denn in dem Fall hätte man seinen Wunsch
nicht losgelassen, sondern im Verborgenen weiter gepflegt.

Der dritte Aspekt der Heilung von Beziehungen ist das freudi-
ge Erkennen. Er folgt oft wiederum auf das Loslassen. Sehen,
wie der andere ist, sein Wesen erkennen und sich daran erfreu-
en. Schlicht freuen. Das ist einfach und schwer zugleich. Dieses Erkennen ist eine besondere und geklärte Sicht auf einen
anderen Menschen – frei von Haben-Wollen, frei von eigenen
Ansprüchen. Mich berührt und beglückt es jedes Mal aufs
Neue, wenn es mir gelingt, einen anderen Menschen in dieser
Weise zu sehen. Im nächsten Kapitel machen Sie sich mit dem
Erkennen noch vertrauter. Aber auch die Übung in diesem Kapitel hilft Ihnen dabei, wenn Sie in Worte fassen, wie Sie einen
geliebten Menschen sehen.

Was Sie mit den drei Briefen erreichen können? Sie gestalten
Ihre Beziehungen einzigartiger, klarer und selbstbestimmter.

Ein weiterer Vorzug der Übung: Sie können mit einem Brief sogar dann eine Beziehung heilen, wenn Sie keinen direkten Kontakt mit der betreffenden Person aufnehmen. Denn Sie müssen Ihren Brief nicht unbedingt abschicken.

Aufwärmen: Ihre Beziehungslandschaft

Sie benötigen Blankopapier, am besten im Format DIN A3, sowie Zeichen- und Farbstifte. Die Gedankenreise können Sie sich von meiner Website www.ulrike-scheuermann.de herunterladen.

Überlegen Sie zum Aufwärmen für die Briefübung erst einmal, an wen Sie schreiben möchten. Rose Ausländer schreibt: »Wir wohnen / Wort an Wort / Sag mir / dein liebstes / Freund / meines heißt / DU.« Wer ist für Sie – jetzt, in diesem Moment – Ihr wichtigstes »Du«, an das Sie Ihren Brief richten wollen?

Beziehungslandschaft
entwerfen

162

- Schließen Sie die Augen, und fokussieren Sie sich auf Ihr Inneres. Achten Sie einige Atemzüge lang bewusst auf Ihren Atem, ohne ihn zu beeinflussen.

- Stellen Sie sich Folgendes vor: Sie sehen einen weiten Raum oder eine Landschaft, worin sich früher und heute wichtige Personen aus Ihrem Leben befinden. Sie stehen, sitzen, liegen oder schweben – etwa der am tiefsten geliebte Mensch, Ihre Kinder und Enkelkinder, Geschwister, Eltern und Großeltern, ebenso Freunde und Freundinnen, auch Kollegen, Vorgesetzte und Mitarbeiter. Vielleicht sehen Sie auch Ihre Nachbarn, alle Menschen in Ihrer Stadt oder die gesamte Menschheit. Sie sehen keine inneren Bilder? Dann tauschen Sie einfach die Reihenfolge, beginnen mit dem übernächsten Übungsschritt und fertigen zuerst eine Skizze an. Anschließend übertragen Sie das Bild in Ihre Vorstellungswelt.

- Sehen Sie genauer hin: Wie ist die Position dieser Personen im Raum? Stehen sie vor oder hinter Ihnen, seitlich rechts oder links? In welcher Höhe und in welchem Abstand stehen sie im Vergleich zu Ihnen? Und wie sehen die Personen aus?

- Öffnen Sie nun die Augen, und zeichnen Sie Ihre Beziehungslandschaft auf ein Blatt Papier. Strichmännchen reichen vollkommen. Versehen Sie die Personen oder Gruppen mit Namen. Heben Sie sich Ihre Beziehungslandschaft für die Briefübung auf.

Vor der Übung lesen Sie ein weiteres Mal eine kurze Geschichte. Vielleicht hilft Sie Ihnen bei der Vorstellung, dass diese Briefe die letzten sein könnten, die Sie an ihre jeweiligen Empfänger schreiben.

Stell dir vor …

Ich höre die Wellen gegen den Steg meines Häuschens plätschern, und ein lauer Wind streicht vor der Glastür über die Holzterrasse. Nein, ich sitze nicht in meinem Haus bei Oslo. Hier scheint eine andere Sonne, und die ist heiß und trocken. In einer Woche fliege ich ins All. Ich, Hedda. Klingt grotesk. Ist es auch.

Die neue Lichtgeschwindigkeitstechnologie CELK ist längst ausgereift. Es wurde nur noch nicht darüber berichtet. Die Forschungsgruppe tut alles dafür, dass die Sache nicht publik wird. Die wollen keinen Rummel. Dann gibt es viel Geschrei um Ethik und Sicherheitsnachweise und so was. Das wollen sie sich nicht leisten. Wir finden es in Ordnung. Wir, die sieben Freiwilligen. Im Trainingscamp reden wir Englisch, die Leute kommen von überall her: aus Pakistan, Chile, Indien, Neuseeland, Ghana und Italien – und ich aus Norwegen. Sind alles verträgliche Typen, friedliche Gesellen. Die Italienerin ist dermaßen witzig, dass ich Lachmuskelkater am Bauch habe. Das Training macht Spaß, wir lernen lustige Sachen für das Leben ohne Schwerkraft und wie man sich mit sechs anderen auf engem Raum verträgt. Was man als Raumfahrer halt so lernt.

Wieso gerade ich? Das frage ich mich immer noch. Angeblich war es ein kompliziertes statistisches Auswahlverfahren. Na ja, wer's glaubt … Ich habe jedenfalls sofort ja gesagt, meinen Arztkittel an den Nagel im Stationsflur gehängt und einen tränenarmen Abschied zelebriert. Und weg war ich. Meine Patienten werden auch ohne mich auskommen, das war schon immer klar. Und Peter ist eh über alle Berge. Es war seit je einsam in dem verdammt wunderschönen Haus über dem Fjord, seit Marit ausgezogen ist. Dieser Ausblick, um den mich alle beneideten, nur ich selbst nicht. Genau genommen hatte ich mein Leben ziemlich satt. Vielleicht war dies das Auswahlkriterium?

Langsam werde ich aufgeregt. Die anderen auch. In fünf Tagen starten wir. Und jetzt haben wir noch diese drei Tage ohne Außenkontakt: Ich sitze in meinem schwimmenden Haus, das nobel eingerichtet ist, und blicke aufs Meer. Ich weiß immer noch nicht, in welchem Land wir sind, in der Ferne sehe ich nur den Strand mit dem Raketenstartplatz leuchten. Die Abschussrampe, daneben der Startleitstand, wir haben alles besichtigt, auch wenn mir die Technik schnuppe ist. Jeder von uns sieben hat jetzt diese Auszeit. Wenn ich rechts aus dem Küchenfenster schaue, sehe ich da die anderen Häuschen dümpeln. Nett. Wir sollen uns auf uns selbst besinnen und Briefe schreiben, die erst verschickt werden, wenn wir schon im All sind. Über unser Leben nachdenken sollen wir, ruhig und friedlich werden, uns »innerlich klären«, wie John, dieser verrückte, aber sehr attraktive (muss ich schon sagen) Trainingsleiter immer erzählt. Vollkommen entspannt werden wir dann in die Rakete steigen, die die ganze Zeit da rumsteht und in der Sonne funkelt. Und dann sind wir sage und schreibe zwölf Monate weg. Wenn alles gut geht. Wenn … Das Risiko ist nämlich hoch. Fifty-fifty, dass wir wiederkommen, sagt John. Er nimmt ja kein Blatt vor den Mund (auch das mag ich an ihm).

Aber es ist zu verlockend, und mir kommt's wie gesagt nicht so drauf an. Peter ist weg, meine Eltern sind tot, und meine kleine Marit turnt schrecklich erwachsen in der Weltgeschichte herum. Ich werde durchs Weltall rasen wie im besten SciFi-Film. Wie Captain Kirk. Nur noch viel besser, denn das hier ist echt. Es ist das Abgedrehteste, was ich je erlebt habe. Ich bin bereit. Jetzt schreibe ich nur noch diese drei Briefe. An Marit natürlich, mein Lieblingskind, mein Einziges, das immer mein Kind bleiben wird. An Peter, der hinter allen Bergen bleiben und nie wieder zurückkommen soll. Und noch einen dritten, ich werde sehen, an wen. Los geht's.

Die Übung: Ihre drei Briefe

Sie benötigen Ihre Beziehungslandschaft aus der Aufwärmübung sowie Schreibstifte und Briefpapier, das jeweils zum Briefempfänger passt – wenn Sie handschriftlich schreiben. Falls Sie am Computer schreiben, wählen Sie Schriftarten aus, die Sie jeweils passend zum Empfänger in Ihrem Textverarbeitungsprogramm einstellen.

Es könnte Ihnen so ähnlich gehen wie Hedda, die in ein paar Tagen ins Weltall fliegen wird. Die Wahrscheinlichkeit, dass Sie zurückkehren, beträgt nur 50 Prozent. Auch Sie schreiben drei Briefe an Menschen, die Ihnen wichtig sind und denen Sie noch etwas mitteilen wollen. Das können Briefe an Menschen sein, die Sie in der Realität nicht mehr erreichen können: der Vater, der kurz nach der Geburt gestorben ist; die erste große Liebe, deren Spur sich längst verloren hat; der Physiklehrer, der Sie vor der Klasse gedemütigt hat. Das können aber auch Briefe an Menschen sein, die in Ihrem Leben noch heute anwesend sind: die beste Freundin, die gar nicht weiß, wie wichtig sie für Sie ist; der Kollege, der Ihnen in Alpträumen begegnet; die schon alte Mutter, die bald nichts mehr verstehen wird; die kleine Tochter, die Ihren Brief erhalten soll, wenn sie älter ist.

Sich auf verschiedene Menschen und sehr unterschiedliche Beziehungsqualitäten einzustellen bedeutet anspruchsvolle Beziehungsarbeit. Vielleicht sogar ausgesprochen harte Arbeit, einen Kraftakt. Bedenken Sie also gleich, dass Sie vermutlich nicht einen Brief nach dem anderen schreiben können. Vielleicht fühlen Sie sich nach einem erst einmal erschöpft, später dann möglicherweise umso kraftvoller: befreit, euphorisch, erleichtert, verliebt oder ausgesöhnt.

Beziehungslandschaft
entwerfen

Brief-
empfänger
auswählen

Jeden Brief gestalten

Die 3 Briefe schreiben

Die Absicht
erkennen

Beziehungs-
veränderungen
wahrnehmen

Form des
Absendens
planen

Die Briefempfänger auswählen

- Nehmen Sie Ihre Beziehungslandschaft aus der Aufwärmübung zur Hand, und markieren Sie die Personen, die Ihnen für eine Beziehungsklärung besonders wichtig sind – im heutigen Leben oder in der Vergangenheit. Bei welchen möchten Sie die Beziehung verändern, weil Sie etwas belastet? Welchen Menschen wollen Sie noch unbedingt etwas mitteilen, bevor es zu spät ist?

- Wählen Sie nun anhand folgender Fragen drei Personen aus:

  - Wen lieben Sie besonders stark oder haben dies in der Vergangenheit getan und wollen ihm oder ihr dies mitteilen? – An diese Person schreiben Sie einen Liebesbrief.

  - Mit wem haben Sie einen ungeklärten Konflikt, der Sie belastet und den Sie klären oder zur Ruhe bringen möchten? Mit wem wollen Sie sich aussöhnen? Von wem möchten Sie sich nach einem Konflikt endgültig trennen? – Dies ist die richtige Person für einen konfliktklärenden Brief.

  - Mit wem wollen Sie etwas anderes klären, zum Beispiel eine innere Verbindung lösen, um wieder freier zu werden? Vielleicht fühlen Sie sich zu jemandem hingezogen, der Ihnen nicht guttut. Vielleicht empfinden Sie Abneigung, Neid, Bitterkeit oder Ärger – Gefühle, die Sie an einen Menschen binden und die Sie von der freien Entfaltung abhalten. – An diese Person schreiben Sie einen dritten Brief.

Jeden Brief gestalten

- Überlegen Sie sich, wie Sie den jeweiligen Brief gestalten wollen: Welches Briefpapier, welcher Stift und welcher Schrifttyp passen zum Empfänger und zum Briefinhalt? Büttenpapier und blaue Tinte passen vielleicht zu Ihrem Liebesbrief, Kopierpapier und Computerschrift könnten Ihre innere Distanz bei einem konfliktklärenden Brief unterstreichen.

 ## Die drei Briefe schreiben

• Schließen Sie kurz die Augen, und stellen Sie sich die jeweilige Person bildhaft vor, an die Sie jetzt schreiben: Wie sieht sie aus? Welche Gesten, welche Mimik zeigt sie? Welche Kleidung trägt sie? Was tut sie? Wie stehen Sie zu ihr? Was fühlen Sie bei der Vorstellung dieser Person?

• Schreiben Sie nun den ersten Brief, später den zweiten, dann den dritten. Die folgenden Fragen mögen Ihnen als Schreibanregung dienen – ich verwende die Gegenwartsform, sie gelten jedoch auch für zurückliegende Beziehungen:

  – Was bedeutest du mir?

  – Was gibst du mir? Was lerne ich von dir? Was finde ich gut an dir und möchte dies in meine Person integrieren?

  – Was nimmst du mir? Wo schränkst du mich ein oder schädigst mich?

  – Was möchte ich dir mit meinem Brief geben, was du dir wünschst? Womit kann ich dich weiterbringen?

  – Welche Frage(n) habe ich an dich?

  – Was möchte ich dir sonst noch mitteilen?

 ## Die Absicht erkennen

Oft weiß man vor dem Schreiben noch nicht, wo die Reise hingeht. Das ist ja das Großartige beim Schreibdenken: Die Gedanken gehen weiter, es entsteht etwas Neues. Welche Absicht hinter einem Brief steht, wird einem oft erst beim Schreiben so richtig bewusst.

Dazu ein Beispiel: Patrick ist vor einigen Monaten von der Trennung seiner Freundin kalt erwischt worden. Sie hat den Kontakt zu ihm von einem Tag auf den anderen komplett abgebrochen. Wütende Vorwürfe an die Adresse seiner Freundin füllen ihn vollkommen aus, und in einem Brief soll sie sie zu lesen bekommen. Doch der Brief wird völlig anders, als es Patrick erwartet hatte: keine Vorwürfe, keine Anschuldigungen. Stattdessen erkennt er während des Schreibens, dass er im Vorfeld der Trennung viele Andeutungen und Klärungswünsche seiner Freundin übergangen hat. Ihr Handeln wird plausibel für ihn. Seinen Brief schickt er nie ab. Die Absicht hinter seinem Brief war also, zu verstehen, und nicht, wie zuvor gedacht, seinen Ärger loszuwerden.

- Lesen Sie sich Ihren Brief durch, und versuchen Sie, Ihren tiefsten Beweggrund, der hinter diesem Brief steht, zu erkennen: Ihren größten Wunsch, Ihre stärkste Absicht, Ihr wichtigstes Ziel.
- Schreiben Sie diese Absicht in einem Satz auf.

Jemand schreibt beispielsweise unter seinen Brief den Satz: »Endlich mehr Gleichgewicht in unserer Freundschaft erreichen!« Ein anderer: »Mich von meiner Wut auf diesen Chef entlasten.« Ein Dritter schreibt: »Wenn ich weiß, dass sie diesen Brief irgendwann liest, bin ich ruhiger.«

 ## Beziehungsveränderungen wahrnehmen

- Gehen Sie in sich: Was hat sich durch die Aufwärmübung und durch das Briefschreiben verändert in Ihrem Gefühl zu der Person? Wie sieht Ihr inneres Bild von ihr jetzt aus – im Vergleich zu dem Bild, das Sie anfangs in Ihrer Beziehungslandschaft sahen? Vielleicht ist die Person ein paar Zentimeter kleiner oder größer, hat die Körperhaltung verändert – oder ist aus Ihrer Beziehungslandschaft verschwunden.

 ## Die Form des Absendens planen

- Nun kommt der letzte Übungsschritt: das Absenden. Überlegen Sie sorgfältig, wie Sie das, was der Brief bewirken soll, am besten erreichen. Überlegen Sie, was Sie auslösen, wenn Sie den Brief absenden. Vielleicht verletzen Sie jemanden unnötig, dann könnten Sie über Alternativen zum Absenden nachdenken.
- Ein Brief muss nicht unbedingt beim Empfänger im Briefkasten landen. Sie könnten Ihren Brief zum Beispiel laut vortragen – entweder jemand anderem oder sich selbst.

Ich erzähle dazu noch einmal von Gabriela: Ein halbes Jahr nachdem sie mit den Briefen an Ken begonnen hat, setzt sie sich in der Abendsonne auf ihren Balkon und schreibt einen weiteren Brief. Diesen Brief bringt sie zu einer unserer letzten Coachingstunden mit. Er endet mit Abschiedsworten: »Ken, ich lass dich gehen. Von nun an gehe ich allein weiter. Leb wohl, wo auch immer du bist.« Sie stellt sich in die Mitte des Raumes und liest den Brief vor. Den letzten Satz liest sie immer wieder. So lange, bis ihre Stimme ohne Zittern den Raum füllt, bis sie fest auf dem Boden und zugleich locker und aufrecht steht. Ihre Stimme klingt kraftvoll, ihr Blick ist klar. Aufbruchsstimmung breitet sich im Raum aus und weht später mit ihr in den Sommerabend davon.

Aber das ist nur eine Alternative zum Absenden. Wenn es um Loslassen, Abschied und Trennung geht, könnten Sie die Bindung, die Sie nicht mehr möchten, buchstäblich in Rauch aufgehen lassen und den Brief verbrennen. Das ist ein Ritual und wirkt umso besser, je aufwendiger und phantasievoller Sie es inszenieren. Um sich aus einer Liebesbeziehung zu verabschieden, legen Sie zum Beispiel die Musik auf, die Sie mit Ihrem Exfreund immer gehört haben, lassen den Brief in Flammen aufgehen und die Musik dabei verklingen. Oder wie wäre es, einen Brief, aus dem die bittere Enttäuschung gegenüber dem Kollegen spricht, zusammengeknüllt in den Papierkorb zu pfeffern? Man könnte auch den Liebesbrief an die Angebetete, von der allein der Briefschreiber weiß, mit einer rosa Schleife verziert in das Kistchen zu anderen wichtigen Erinnerungsstücken aus dem Leben betten.

Ihre drei Briefe sind nun geschrieben, abgesendet oder anders weiterverwendet. Herzlichen Glückwunsch zum Abschluss der vorletzten Übung in diesem Buch. Das war intensive Beziehungsarbeit, und Sie sind wieder einen Schritt weiter auf dem Weg zum Wesentlichen.

Verstehen

Der Medizinsoziologe Aaron Antonovsky stellte in den 1970er-Jahren eine interessante Frage: Was hält Menschen gesund? Ein neuer Blickwinkel eröffnete sich, denn zuvor wurde in der Medizin stets gefragt: Was macht Menschen krank? Antonovsky entwickelte aus seiner Frage das Konzept der Salutogenese. Zu den wichtigsten Faktoren, die uns gesund erhalten, gehört danach ein Gefühl der vertrauten Zugehörigkeit, des Aufgehobenseins und der Verbundenheit in Beziehungen. Beziehungen halten uns gesund. Ebenso können sie aber auch krank machen, ein erfülltes Leben verhindern, gar in den Wahnsinn treiben. Beziehungen zählen letztendlich zum Wichtigsten im Leben nahezu aller Menschen.

Dennoch lerne ich immer wieder Leute kennen, die meinen, Beziehungen sollten einfach funktionieren – und damit

Schluss. Sobald in einer Beziehung die ersten Komplikationen ˙ auftreten, brechen sie den Kontakt ab, trennen sich, suchen neue Kontakte. »Wer glaubt, auf alle Welt verzichten zu können, täuscht sich. Wer aber glaubt, dass die Welt auf ihn nicht verzichten könnte, täuscht sich noch mehr«, schrieb der französische Philosoph François de la Rochefoucauld und stellt diese Art des Autonomiestrebens in Frage.

Warum jenes Streben nach Unabhängigkeit, warum diese schnelle Flucht aus Beziehungen, sobald es schwierig wird? Dahinter steht häufig die Hoffnung, mit einem anderen Menschen würde eine Beziehung endlich besser gelingen, aber auch die Idee, dass ein Mensch leicht ersetzbar ist. Und dahinter wiederum findet sich die Angst vor Konflikten, Auseinandersetzungen und komplizierten Gefühlen, auch die Angst vor Intrigen, Mobbing, Tratsch, Kränkungen und Gemeinheiten.

Diese Angst ist oft genug real. Und dennoch: Beziehungen sind der Kern unseres Lebens. Es geht nicht ohne, und es geht besser, je kraftvoller wir die uns wichtigen Beziehungen gestalten. Umso größer ist die Chance, in heilen und erfüllenden Beziehungen zu leben. Was also können wir – außer Briefeschreiben – dafür tun, um Beziehungen besser gelingen zu lassen? Zum Beispiel einen Blick auf zurückliegende prägende Beziehungen werfen.

Da leidet ein Klient noch heute unter der Kritik des nie zufriedenen Vaters; dessen mäkelige Stimme hallt in ihm nach bei jeder Gelegenheit, bei der er etwas besonders gut machen will. Da wird noch viel später gehadert mit der früheren Chefin, die nach Jahren der Zusammenarbeit mit versteinerter Miene die Kündigung aussprach. – Viele Menschen schleppen einen Haufen von Erinnerungen an schwierige, ungeklärte und dadurch ungelöste Beziehungen mit sich herum. Diese Erinnerungen flackern in bestimmten Situationen auf, quälen, bremsen, hemmen. Oder sie prägen gar den gesamten Lebensentwurf wie bei Sven, dessen Beispiel ich Ihnen hier erzählen möchte, zumal es ein weiteres ist, in dem das Briefschreiben zur Beziehungsheilung beiträgt.

»Ich mag ihn nicht«, sagt Sven über seinen Bruder. Sven ist Mitte 40 und verkauft seit 18 Jahren als Aussteiger Kunsthandwerk in griechischen Touristendörfern. Er lebt nach wie vor in innerer Konkurrenz zu seinem jüngeren Bruder. Eingestehen will er sich das anfangs nicht so recht. Bisher hat er versucht, einen von dem seines jüngeren Bruders maximal verschiedenen Lebensweg einzuschlagen und sich damit dem Leistungsdruck zu entziehen, der in seiner Herkunftsfamilie herrschte. Er redet sich ein, *er* sei derjenige, der das selbstbestimmte Leben führe, während sein Bruder spießig und unfrei das Leben fortsetze, das seine Eltern ihm vorlebten.

Und dennoch: Sosehr er auch aus der früheren Beziehungskonstellation wegstrebt und den Kontakt zum Bruder vermeidet, bleibt er doch innerlich mit ihm verbunden. Nach und nach sieht er, dass er in seinem Gegenentwurf gefangen ist. Eigentlich sehnt er sich inzwischen nach dem kleinbürgerlichen, ruhigen und gesicherten Leben, das sein Bruder führt.

Sven schreibt irgendwann einen langen Brief an seinen jüngeren Bruder, in dem er ihm vorwirft, dass dieser in allem besser war – in der Schule, beim Fußball, beim Klavierspielen. Erst beschimpft er seinen Bruder in dem Brief, doch am Ende kann er Versöhnliches schreiben. Und schließlich beendet er den Brief mit »Dein Bruder Sven«, auch wenn es ihn große Überwindung kostet.

Er schickt den Brief nie ab. Stattdessen besucht er den Bruder nach 26 Jahren das erste Mal. Sven sieht die ordentlich geparkten Autos vor den Reihenhäuschen, die Sandkiste im Garten, die Wäsche auf der Leine, und anstatt innerlich über das kleinbürgerliche Leben herzuziehen, kann er sich darüber freuen. Sein Bruder umarmt ihn, als ob er den nie abgeschickten Brief erahnt und akzeptiert hätte. Als Sven am Abend auf sein Motorrad steigt, fühlt er sich freier als in seinen besten Jahren auf Tour. Er kann endlich wählen. Zwar bleibt für Sven auf dem Weg zu einem innerlich freien Lebensentwurf noch viel innere Arbeit zu tun. Der Besuch bei seinem Bruder aber war ein Anfang.

Beim Aufwärmen haben Sie Ihre innere Beziehungslandschaft gestaltet. Diese Übung ist an das Konzept des sozialen Panoramas von Lucas Derks angelehnt und hat einen bestimmten Hintergrund: Die meisten Sozialwissenschaftler, Psychologen und Pädagogen gehen heute davon aus, dass wir alles, was wir in der Außenwelt erleben, in unserem Innern abbilden. Wir konstruieren damit unsere eigene Wirklichkeit. Sie sieht bei jedem anders aus: Es gibt nicht *die* eine objektive Realität. Unsere innere Vorstellungswelt bekommt dadurch einen ganz anderen Stellenwert. Nicht nur die äußere Realität ist es, die uns steuert, sondern wir selbst gestalten und färben unsere Wahrnehmung und bauen dadurch unsere eigene Wirklichkeit. Daraus folgt: Wenn wir tatsächlich selbst die Baumeister unserer Wirklichkeit sind, dann können wir diese auch verändern. Niemand muss zeit seines Lebens den Kopf vor seinem Chef einziehen oder meinen, alle anderen seien besser als er selbst. Wir können viel dafür tun, um unser Selbstgefühl gegenüber anderen Menschen zu verändern – und uns anders und vielfältiger, freier, unabhängiger, liebender, stärker, schwächer, gebender zu fühlen und zu verhalten. Ein Weg ist, Ihre innere Beziehungslandschaft umzugestalten. Das dauert mit etwas Übung nur ein paar Sekunden: Stellen Sie einfach Ihren Chef in der Vorstellung etwas tiefer auf, damit Sie ein wenig auf ihn herunterschauen. Spannen Sie einen feinen

Vorhang zwischen sich und dem Liebespartner, von dem sie sich abhängig fühlen. Platzieren Sie sich auf eine kleine Anhöhe, von der aus Sie auf die anderen Menschen herunterschauen, so dass Ihr Minderwertigkeitsgefühl an Kraft verliert.

Einer der wichtigsten Wege, Beziehungen zu gestalten, ist das Gespräch, und zwar mündlich oder schriftlich. Mit jemandem über die Beziehung zu sprechen – gleich, ob fiktiv oder real – verändert die Beziehung. Auf der Wirkung von Gesprächen basiert jede Paartherapie, jede Mediation zur Konfliktklärung im Privaten, im Beruf, in der Politik. So klären sich Zweierbeziehungen, so entwickelt sich die Weltpolitik, so wird Frieden gesichert. Andersherum: Bei misslingenden Gesprächen treten Stillstand und Verhärtung und Aggression bis zum Krieg ein. Briefe sind schriftliche Gespräche, die als zutiefst beziehungsstiftende Angelegenheit eine lange Tradition haben. Von der Brieftaube und dem laufenden oder reitenden Boten über Postkutsche und moderne Logistik bis zur Online-Kommunikation: Seit Jahrhunderten haben Menschen Briefe genutzt, um Beziehungen zu stiften, zu vertiefen oder fortzuführen.

Vorrangig geht es in diesem Kapitel darum, dass *Sie* sich weiterentwickeln. Falls Sie Ihren Brief abschicken, so bewirken Sie damit aber noch etwas anderes: Sie geben Ihrem Leser Ehrlichkeit, Aufrichtigkeit und ein Feedback. Wer einen Brief bekommt, wird bedacht, fühlt sich wertgeschätzt. Ein Brief ist ein Geschenk. Der Adressat erhält eine großartige Chance, über sich selbst und die Beziehung zu Ihnen nachzudenken.

Und darin verbirgt sich ein weiterer Aspekt: das Versöhnen. Im Kapitel »Die letzte Vorlesung« tauchte das Versöhnen als Aspekt von Weisheit schon einmal auf. Aber nicht nur Ihre Weisheit entwickeln Sie dadurch weiter. Einander zu vergeben und sich zu versöhnen ist einer der besten Wege, um inneren Frieden zu finden und zugleich den Frieden in der Welt zu mehren. Damit meine ich nicht, Aggressionen zu unterdrücken, sondern echtes Loslassen von Ärger, Wut, Rachegefühlen und Bitterkeit. Und das schaffen Menschen, die viel Existenzielleres erlebt haben als eine Kränkung, Mobbing am Arbeitsplatz oder eine Scheidung. Ich habe vor Jahren einen Film gesehen, in dem ein zehnjähriger Junge dem Mörder seiner Eltern gegenübersitzt. Dieser Polizist ist an seiner Tat nahezu verzweifelt und hofft seit Jahren auf die Möglichkeit zur Wiedergutmachung und Vergebung. Schließlich vergibt ihm der Junge, indem er ihn umarmt.

Auch Sie können jemandem vergeben, der Sie gekränkt, verletzt oder betrogen hat. Wer fällt Ihnen ein? Spätestens wenn sie sterben müssen, möchten viele Menschen mit anderen noch etwas klären, um Frieden zu finden, der durch Versöhnung entsteht. Sie möchten sich entschuldigen, eine Entschuldigung hören oder aufhören zu hadern. Manche Menschen sterben tatsächlich erst, wenn eine wichtige ungeklärte Beziehung zu einem guten Abschluss gebracht ist. Ich möchte Sie mit diesem Kapitel dazu anregen, Ihre Beziehungen schon heute zu klären.

Diese Übung war ein Anfang. Doch Beziehungen verändern sich. Kaum gibt es bei einer Beziehung einen Durchbruch, so taucht bald eine neue Herausforderung oder eine andere wichtige Beziehung auf. Und wieder heißt es: mit voller Kraft gestalten, den anderen sehen und erkennen, loslassen, frei werden. Veränderung, Verwandlung, Entwicklung, Wachstum – das ist das Wesen von Beziehungen.

Empfehlungen zum Lesen

Abschiedsbriefe Gefängnis Tegel September 1944 – Januar 1945. Briefwechsel zwischen dem Widerstandskämpfer Helmuth James von Moltke und seiner Frau Freya. Jeder Brief konnte der letzte sein. Die Briefe, die von dem befreundeten Gefängnisseelsorger Harald Poelchau bis zur Hinrichtung Helmuths hin- und hergeschmuggelt wurden, zeugen von der inneren Kraft und Liebe des Paares.

Gut gegen Nordwind. Roman von Daniel Glattauer. Das Besondere: Diese Liebesgeschichte ist ausschließlich in Form eines E-Mail-Briefwechsels geschrieben. »Schreiben Sie mir, Emmi. Schreiben ist wie küssen, nur ohne Lippen. Schreiben ist küssen mit dem Kopf.«

Die Liebe in den Zeiten der Cholera. Roman von Gabriel García Márquez, der von einer lebenslangen Liebe handelt, die sich schließlich im hohen Alter erfüllt, nachdem sie fünfzig Jahre lang fast ausschließlich von Briefen getragen ist; anfangs noch von einem leidenschaftlich erwiderten Briefwechsel zwischen zwei Jugendlichen, später dann eher einseitig. Ein wunderbares Beispiel dafür, wie Briefeschreiben den fehlenden realen Kontakt aufrechterhalten kann, wie Briefe umstimmen und Gefühlsverhärtungen überwinden können, wie das Schreiben von Liebesbriefen aber auch Raum für Phantasien und die Überhöhung des Empfängers schaffen kann.

7. Der Eintrag im Tagebuch – Liebe geben

In diesem Kapitel finden Sie heraus, was Sie dem wichtigsten Menschen in Ihrem Leben geben können und dass Sie dadurch gestärkt statt entkräftet werden. Das Habenwollen tritt in den Hintergrund. Loslassen, Verstehen, Erkennen und Lieben treten nach vorn.

»Glücklich bin ich vor allem dann, wenn ich sehe, dass andere glücklich sind. Der Wunsch, anderen Gutes zu tun, ist ein unfehlbares Rezept für Glück und Erfolg.« Echtes Geben macht glücklich. Und Desmond Tutu, der südafrikanische Friedensnobelpreisträger, von dem diese Worte stammen, kennt sich aus mit dem Geben. Zeit seines Lebens hat er sich gewaltlos für Freiheit und Gerechtigkeit in Südafrika und für Benachteiligte eingesetzt. Er hat für das Glück anderer Menschen ebenso viel getan wie für sein eigenes. Diese Art des Gebens hat nichts mit erschöpfender Selbstausbeutung oder Verausgabung zu tun. Geben und Nehmen – beides gehört zusammen. »Lieben« könnte man es auch nennen. Doch dazu später mehr.

Desmond Tutu steht mit seiner Erkenntnis, dass Geben glücklich macht, nicht allein da. Er befindet sich in bester Gesellschaft mit anderen glücklichen Menschen überall auf der Welt. Zum Beispiel mit einer Gruppe von 235 älteren US-Amerikanern, die von anderen Menschen als glücklich und weise beschrieben wurden. Der Theologe und Psychologe John Izzo hat sie für seine Forschungsstudie ausgewählt, weil er aus den Erfahrungen dieser 60- bis 106-Jährigen schöpfen wollte, die bereits ein erfülltes Leben führen. Die Ergebnisse beschreibt er in seinem Buch *Die fünf Geheimnisse, die Sie entdecken sollten, bevor Sie sterben*. Eines der fünf Geheimnisse für ein erfülltes Leben lautet: »Geben Sie mehr, als Sie nehmen«, und dazu schreibt er, als am glücklichsten hätten sich diejenigen seiner Gesprächspartner erwiesen, die wussten, dass sie mit ihrer Anwesenheit auf Erden etwas bewirkt und einen Beitrag geleistet hätten. »Am unglücklichsten hingegen waren jene, die sich selbst in den Mittelpunkt gestellt und nach Glück, dem Gefühl des Geliebtwerdens, nach materiellen Gütern, Status und ›Berühmtheit‹ gestrebt hatten.«

Jürgen Todenhöfer, der sein Leben lang in Kriegsgebiete reiste, um darüber zu berichten, beschreibt in seinem Buch *Teile dein Glück ... und du veränderst die Welt!* etwas Ähnliches. Er weiß, wie paradox sich das gebende Glück verhält: »Glück ist das einzige Gut, das größer wird, wenn man es teilt. Man kann es selbst dann schenken, wenn man keines hat.« Auch der zweite Satz gefällt mir gut: Da geht es nicht mehr darum, Glück zu *haben,* sondern darum, glücklich zu *sein* – und das geht immer. Dieses Glück ist unabhängig davon, ob man in glücklichen Umständen lebt, es hängt nur noch davon ab, wie man sich selbst sieht und fühlt.

Dass Geben und Glück zusammenhängen, ist also durch Erfahrungen belegt und wissenschaftlich untermauert. Ein wichtiges Buch dazu ist *Der Sinn des Gebens* von dem Wissenschaftsautor Stefan Klein. Er trägt die neuesten Forschungsergebnisse zusammen und weist nach, dass auf längere Sicht diejenigen erfolgreicher und glücklicher sind, die sich um das Wohl anderer Menschen kümmern – bis hin zum hirnphysiologischen Nachweis, »dass Altruismus im Kopf dieselben Schaltungen aktiviert wie der Genuss einer Tafel Schokolade oder auch Sex«.

Mich beschäftigt nun die Frage, wie jeder den Weg zu diesem echten Geben finden kann. Und dazu habe ich eine Vision: Würde es uns gelingen, die eigene Perspektive ab und zu mal zu verlassen, um mehr darüber herauszufinden, was andere sich wünschen, so würde jeder Mensch mit einem reich gefüllten Ideenkorb umherlaufen, aus dem er immer das ziehen kann, was das Zusammensein mit seinem Gegenüber gerade am besten fördert, was ihm Freude gibt und zugleich den Gebenden selbst bereichert. Anders gesagt: Um zu geben, müssen Sie erst einmal wissen, was der andere wirklich braucht. Diesem Wissen nähern Sie sich, indem Sie sich in andere Menschen einfühlen und eindenken. Das Mittel dafür ist der empathische Perspektivenwechsel: Sie verlassen Ihren persönlichen Standpunkt, ohne sich zu verlieren. Die Methode ist Ihr Eintrag im Tagebuch.

Doch wo beginnen? Am besten, indem wir bei dem *einen* Menschen anfangen, der für Sie der wichtigste ist. Wohl jeder hat solch ein wichtiges Gegenüber, davon bin ich überzeugt. Jemand, bei dem Sympathie, Anziehung und Hinwendung im Spiel sind. Wie auch immer die Beziehung aussieht: nah oder fern, erfüllt oder ersehnt, sexuell oder platonisch, voller Kraft gelebt oder nur auf Sparflamme, frei oder verstrickt, liebevoll oder destruktiv. Und wer auch immer dieses wichtigste Gegenüber ist: die Ehefrau, der heimliche Geliebte, die Tochter, die freundliche Nachbarin, die Chat-Bekanntschaft oder die Krankengymnastin, die Ihnen seit Jahren eine einfühlsame Gesprächspartnerin ist.

Ich habe eine Übung entwickelt, mit der Sie in Ihrem Alltag eine gebende Haltung einüben können. Sie verlassen einmal die ewig vertraute Ich-Perspektive, die Sie schon Ihr Leben lang kennen. Denn natürlich, also normalerweise blicken wir von uns aus in die Welt. Die Übung hilft Ihnen, einen anderen Menschen neu kennenzulernen. Sie erfahren etwas über seine Wünsche und Gedanken. Sie sehen die Welt mit seinen Augen, fühlen mit seinen Gefühlen, denken an sich selbst mit seinen Gedanken. Was Sie dafür brauchen? Nichts weiter als ein wichtigstes Gegenüber, und das auch vorerst nur in der Vorstellung.

Dass ein Teil dessen immer Projektionen sind, also eigene Annahmen, die wir anderen zuschreiben, gehört dazu und stört erst einmal nicht. Später können Sie immer noch überprüfen, was mit der Realität nicht übereinstimmt, indem Sie den anderen fragen: »Was wünschst du dir? Was würde dich glücklich machen? Was kann ich dir geben?« Das ist auch wichtig. Tun Sie es am besten gleich heute. Aber wer fragt schon ständig? Und reicht es, das gesagt zu bekommen? Ziel der Übung ist vielmehr, die einfühlende und gebende Haltung einzuüben. Machen Sie sich diese Haltung zur Gewohnheit. So können Sie irgendwann die Sichtweisen immer leichter wechseln.

Diese Übung ist eine sehr private, ja intime. Das Gegenteil von derjenigen etwa aus dem Kapitel »Die letzte Vorlesung«: Niemand außer Ihnen selbst wird lesen, was Sie hier herausfinden. Das ist wichtig. Nur so können Sie wirklich frei arbeiten.

Aufwärmen: Der wichtigste Mensch in Ihrem Leben

Sie benötigen Blankopapier, mindestens im DIN-A4-, besser im DIN-A3-Format, sowie Schreib- und Zeichenmaterial.

Meine Klienten können oft weniger als fünf Eigenschaften zu der Person nennen, die ihnen am wichtigsten ist. Selbst wenn es sich um denjenigen handelt, neben dem sie sich jeden Morgen die Zähne putzen. Das klingt erstaunlich, ist aber doch ganz normal. Nicht immer sind die Bilder der Menschen um uns klar umrissen. Manchmal sind sie gerade deshalb unscharf, weil der Mensch so nah bei uns ist. Deshalb wärmen Sie sich für die spätere Übung auf, indem Sie sich den wichtigsten Menschen in Ihrem Leben vergegenwärtigen – einmal anders als sonst.

Den wichtigsten Menschen skizzieren

- Denken Sie an jemanden, den Sie aus vollem Herzen lieben, mögen und achten; zu dem Sie sich hingezogen fühlen, der Ihnen am wichtigsten im Leben ist. Wer fällt Ihnen jetzt als Erstes ein? Dass Sie richtig liegen, merken Sie zum Beispiel daran, dass Ihr Brustkorb weit wird und es sich anfühlt, als ob Ihr Herz aufginge, wenn Sie an diese Person denken.

- Wenn vorerst niemand auftaucht oder wenn Ihnen die Entscheidung schwerfällt, so fragen Sie sich: »Welcher Mensch würde mir am schmerzlichsten fehlen, wenn ich ihn verlöre?«

- Zeichnen Sie die Person, die Sie ausgewählt haben, mit ein paar schnellen Strichen in die Mitte eines großen Blatts Papier, so dass außen herum viel Platz für Text bleibt. Schreiben Sie den Namen in den Umriss.

- Schreiben Sie darüber: »Du bist …«, und notieren Sie, ohne lange nachzudenken, Sätze oder Wörter, die die Person beschreiben. Lassen Sie zwischen den einzelnen Beschreibungen jeweils etwas Abstand für später.

Damit haben Sie eine Denkskizze entworfen. So nenne ich rasch gezeichnete Skizzen innerer Bilder, die anschließend mit Text ergänzt werden. Sie verbinden dabei verschiedene Denkwege miteinander – den bildhaften und den sprachlichen, ähnlich wie im ersten Kapitel, als Sie Ihr Flussbild gemalt und beschriftet haben. Die Denkleistung ist dann besonders hoch.

- Hängen Sie das entstandene Bild an einer Wand auf, auf die Ihr Blick des Öfteren fällt. Wenn Ihnen dann nachträglich noch mehr Ideen kommen, können Sie sie sofort ergänzen.

Im folgenden Beispiel hat ein Klient seine Frau beschrieben, von der er weiß, dass sie oft unter seiner Verschlossenheit leidet. Während er sie beschreibt, bemerkt er erstaunt, dass er seine Liebe zu ihr viel stärker fühlt als sonst. »Du bist jung im Herzen. Kraftvoll – zugleich sanft. Lustig und verspielt mit unseren Kindern. Schwungvoll. Mit einer starken Ausstrahlung. Sehr präsent. Interessiert an anderen Menschen. Müde von deiner Arbeit, manchmal ganz leer, ausgebrannt. Mit deinen Problemen erstaunlich verschwiegen. Sehr treu. Ein Beziehungsmensch.«

Und nun folgt eine Geschichte, die von zwei Menschen handelt, die die wichtigsten füreinander sind und dennoch oft nebeneinanderher leben, obwohl sie sich viel mehr zu geben hätten.

Stell dir vor …

»Ich geh dann mal.« Sie warf Marius einen Kuss durchs Wohnzimmer zu. Ein letzter kritischer Blick in den Spiegel, ihr Mantel schwang gegen den Türrahmen, und sie stieg in ihre Stiefel. Knallrot und ziemlich hochhackig.

Marius fühlte sein Gewicht auf dem Sofa, und er wusste genau, dass er das Kissen zu tief eindrückte, dass seine Augen zu dunkle Schatten warfen, dass seine Stimme zu leise klang. Und wieder einmal wehte ihn der Gedanke an, dass Sannes Leichtigkeit und seine Schwere zusammengehörten wie bei einer Waage, bei der sich die eine Schale in die Tiefe neigt, weil die andere Seite zu wenig Gewicht hat. Und andersherum.

»Hab dich lieb, Schatz. Freu mich schon auf dich nachher.«

Sanne stand noch einen Moment in der Wohnungstür und sah zu ihm herüber. Marius kannte das. Sie zögerte oft beim Verabschieden. Da war ein wenig schlechtes Gewissen, aber auch Unwillen darüber, dass er nicht mitkam. Aber er war sich sicher, ein

Schuss Erleichterung war auch dabei. Allein tanzte sie leichter durch solche Abende als mit ihm.

Marius spürte die Stille, als ihr Absatzklackern im Treppenflur verklungen war. Stille war angenehm. Seine Gedanken trieben zu Sanne. Wie in diesem Indiana-Jones-Film fahren wir mit zwei Loren auf den Schienen, dachte Marius. Mal näher, mal weiter weg rasen die beiden Loren nebeneinander, und nur ab und zu kommen sie sich so nah, dass einer überspringen könnte. Sanne fand diese Szene zum Schreien komisch. Ein schönes Bild für ihre Beziehung. Könnte er ihr morgen erzählen.

Ja, die Rollen waren gut aufgeteilt. Marius wusste genau, wie. Sie war die Fröhliche, die Spontane, die Begeisterungsfähige. Er der Abwägende, der Zyniker, der trocken kommentierte. Sie war die Rastlose, arbeitswütig und vergnügungsfreudig zugleich. Er der Geruhsame, bequem und oft faul. Ja, richtig faul. Unangenehm faul, fand er. Sie war natürlich schlank, machte Morgengymnastik am offenen Fenster und rannte ein paarmal in der Woche eine Stunde durch den Wald. Sie war ein Blickfang, nicht nur für ihn. Wenn er selbst sich im Zerrbild eines Schaufensters sah, dann lief dort ein Mittvierziger, der irgendwie angestaubt wirkte und bestimmt 20 Kilo von der Beschreibung »schlank« entfernt war. Ja, er aß gerne. Sanne kaute meist im Stehen vor dem Kühlschrank oder im Gehen an einer Bratwurst ohne Senf auf dem Pappteller. Oder zwischen zwei Telefonaten an einem Fertigsalat aus dem Supermarkt. Nur am Wochenende, da kochte er, und sie aßen bei Kerzenschein und Stoffservietten. Und – selten, aber immerhin – dabei wurde Sanne langsam. Sie redeten. Sie schwiegen. Dann war Sanne mal wirklich da. Und dann war er glücklich.

Es war am Sonntag passiert. Die Temperaturanzeige neben dem Tacho zeigte 37 Grad. Die Klimaanlage pustete kühle Luft gegen die feuchte Haut, Sannes Stimme plätscherte an sein Ohr. Im

Rückspiegel sah er den Opel ihrer Freunde auf der Kopfstein-pflasterstraße. Als sie ausstiegen, schlug ihnen die schwüle Luft wie eine Wand entgegen. Luft zum Hineingreifen. Der Wald stand dunkel vor ihnen, keine Vogelstimmen. Der andere Wagen knirschte neben ihnen im Kies, und sie schulterten die Taschen mit den Badesachen. Der See lag zwischen den Bäumen. Er gehörte den Vögeln, Blesshühnern und Enten. Ein Schwanenpaar ruhte auf dem Wasser. Nur einzelne Badende lagerten in Sandbuchten.

Sie warfen ihre Sachen ab und stakten in den Einstieg zwischen Schilfhalmen. Die Zehen sanken im Sumpfboden ein, darunter kam eine festere Schicht. Beim Schwimmen sah Marius Sannes Körper mit den Froschbewegungen ihrer Beine vor sich. Die Haut schimmerte im klaren Wasser leicht grünlich. Sie schwammen bis zur Mitte des Sees, küssten sich mit Seewassergeschmack. Später lagen sie auf ihren Handtüchern und sonnten sich trocken. Der Ruf einer Rohrdommel dröhnte irgendwo im Schilf. Dann wieder Stille.

»Stellt euch vor, wir wären Wassermänner und nur gerade auf Landausflug. Nachher tauchen wir zu unseren Schilfhütten am Seegrund zurück.« Sannes Stimme plätscherte wie das Wasser. Sie ist ein Meerwesen, dachte Marius. Sie tauchte gerne, und manchmal war sie minutenlang verschwunden.

»Und, wo lässt du dein Handy?«, fragte er schläfrig.

»Das schwimmt oben in einem Blattschiffchen, bis der Akku leer ist.«

Alle lachten, er auch. Aber es war zu heiß, und die Luft zog sich langsamer als sonst in die Lungen. Die anderen stiegen noch mal ins Wasser.

Das Geräusch lag irgendwo zwischen Röcheln und Seufzen. Marius fuhr hoch. Sanne griff sich an den Hals. Ein Wimpernschlag, da war er schon bei ihr.

»Was ist? Du bekommst keine Luft?«

Sanne nickte.

»Versuch, langsam zu atmen. Ja, genau so. Langsam immer wei-
ter einatmen, ein, immer noch ein. Und jetzt aus, langsam aus.
Du hast Zeit. Ja, so ist es gut.« Er sah in ihre schönen Augen, die
jetzt weit aufgerissen waren. Sie hielt sich an seinem Blick fest.
Dreimal. Das Geräusch wurde schwächer. Ihre Finger, die seine
Schulter umkrallten, lockerten sich.

»Es geht wieder.« Sie hustete. »Was war denn das Komisches?«
Sie lächelte ihn an, aber es war kein Lächeln, dem man glaubte.

Am Abend, wieder zu Hause, hockte Sanne im Schneidersitz auf
dem Sofa neben ihm. Sie blätterte in einer Zeitschrift, und er sah
aus dem Augenwinkel, dass sie nicht auf die Seiten schaute.

»Was ist?« Marius rückte neben sie. Legte den Arm um ihre
Schultern, bei denen die Knochen so dicht unter der Haut lagen.
Sie muss mehr essen, dachte er wieder mal, strich mit seinen
Händen über die knochigen Stellen. Ihre Tränen färbten das
Hellblau ihres Shirts dunkel, der Rest sickerte in ihren Rock. Sie
sagte nichts, und so saßen sie nebeneinander auf dem Sofa, er
hielt sie fest, und nur ab und zu wurde ihr Schluchzen laut. Lange saßen sie still, und erst ihr Kopf, dann ihr gesamter Körper
drehten sich mehr zu ihm, ihr Duft wehte ihn an und mit ihm
ihre Wärme. Und einmal mehr fühlte er, wie sehr er sie liebte.

Als er später nach ihr schaute, konnte er es kaum glauben. Sanne
saß in ihrem Zimmer an dem kleinen Tischchen und schrieb.
Wahrhaftig, sie schrieb. In ein schwarzes Notizbüchlein, das er
noch nie gesehen hatte. Sanne und schreiben? Sie drehte sich um
und lächelte ihm zu.

Den wichtigsten
Menschen skizzieren

Sich
hineinversetzen

Tagebucheintrag
schreiben

Möglichkeiten des
Gebens erkunden

Umsetzen, prüfen,
fragen

Die Übung: Ihr Eintrag im Tagebuch

Sie benötigen etwas zu schreiben, was für einen Tagebucheintrag taugt, vielleicht ein Notizbuch, und Ihre Denkskizze aus der Aufwärmübung. Außerdem farbige Stifte. Die Gedankenreise können Sie als Hördatei von meiner Website www.ulrike-scheuermann.de herunterladen.

Sanne in der Geschichte nimmt ihr Tagebuch aus der Schublade und schreibt. Und sie tut dabei genau das, was ich Ihnen auch in dieser Übung vorschlage: Sie stellt sich vor, sie wäre Marius. Auch Sie stellen sich vor, Sie würden aus der Perspektive einer Ihnen wichtigen Person schreiben. Und am besten, Sie tun das in einer ebenso losgelösten Stimmung wie Sanne und mit genug Zeit.

 ## Sich in jemanden hineinversetzen

- Suchen Sie sich einen Ort, an dem Sie ungestört ein wenig verweilen und später schreiben können. Nehmen Sie eventuell ein Foto des für Sie wichtigsten Menschen hervor, den Sie beim Aufwärmen beschrieben haben. Werfen Sie einen Blick auf Ihre Denkskizze zu ihm.
- Schließen Sie die Augen, und wenden Sie Ihre Aufmerksamkeit nach innen, lauschen Sie auf Ihren Atem.
- Stellen Sie sich den wichtigsten Menschen vor Ihrem inneren Auge vor. Jetzt wenden Sie sich ihm immer näher zu, bis Sie sich vorstellen können, Sie wären der andere. Versenken Sie sich ganz in diese andere Person. Nehmen Sie so vollständig wie möglich ihren Blickwinkel ein. Wie fühlt diese Person? Wie denkt sie, wie erlebt sie die Welt? Wie blickt sie auf Sie? Lassen Sie alle Gedanken und Gefühle sich ausbreiten.

- Überlegen Sie, wie die andere Person schreiben würde, um ihre Gedanken und Gefühle festzuhalten: Mit Füller, Kugelschreiber oder Bleistift? Auf einem Blatt Papier, in ein Tagebuch oder am Computer?

 ### Einen Tagebucheintrag schreiben

- Schreiben Sie jetzt einen Tagebucheintrag aus der Perspektive des anderen, also auch in Ich-Form. Nehmen Sie dafür die Schreibutensilien zur Hand, mit denen die andere Person einen Tagebucheintrag schreiben würde. Schreiben Sie im freien Gedankenfluss und so lange, wie Sie können. Schreiben Sie *alles* hinein, was Ihnen in den Sinn kommt, Gedanken, Gefühle, Erinnerungen, Wünsche: Niemand außer Ihnen selbst wird diesen Tagebucheintrag jemals lesen oder hören.
- Sie können die folgenden Fragen beim Schreiben im Hinterkopf behalten, die sich auf ihrer beider Beziehung und auf den Aspekt des Gebens beziehen. Die Fragen sind so formuliert, als ob Sie die andere Person sind. Sie können Ihren Namen statt der Auslassungspunkte einsetzen:
  - Welche Wünsche habe ich an …, die bisher unerfüllt geblieben sind?
  - Was würde ich mit … gern erleben?
  - Was liebe, mag und schätze ich an … besonders?
  - Wie müsste … sein, um mich zum glücklichsten Menschen auf der Welt zu machen?

- Formulieren Sie zum Abschluss einige Sätze – immer noch aus der Perspektive der anderen Person –, bei denen Sie die folgenden Satzanfänge einfach fortführen:
  - Sie/Er gibt mir …

– Das ist für mich …
– Und dennoch: Ich wünsche mir, dass sie/er mir … gibt, indem sie/er …
– Ich wäre sehr glücklich, wenn …

• Legen Sie die fremde Rolle jetzt wieder ab, und kehren Sie zurück in Ihre eigene. Stehen Sie dafür kurz auf, schütteln Sie Arme und Beine aus, und atmen Sie ein paarmal tief durch. Sie sind jetzt nicht mehr die andere Person.

Möglichkeiten des Gebens erkunden

• Lesen Sie sich nun den Tagebucheintrag noch einmal durch. Markieren Sie das, was Ihnen darin besonders wichtig erscheint.
• Nehmen Sie die Denkskizze aus der Aufwärmübung und einen Stift in einer anderen Farbe zur Hand. Notieren Sie bei dieser Denkskizze weitere Stichworte und Sätze, mit denen Sie die Frage »Was kann ich dir geben?« beantworten. Eventuell können Sie diese Notizen jeweils direkt bei den vorherigen Beschreibungen anfügen.
• Beantworten Sie zum Schluss schriftlich und auf demselben Blatt Papier die folgenden Fragen:
– Was kann ich dir geben für dein größtes Glück?
– Was kann ich dir geben, damit du dich entwickelst und weiter wächst?

Umsetzen, prüfen, fragen

• Setzen Sie in der Realität so viel wie möglich von dem um, was Sie zuletzt aufgeschrieben haben.

- Prüfen Sie: Was bewirkt es beim anderen? Was bewirkt es bei Ihnen? Was verändert sich dadurch in der Beziehung?
- Sprechen Sie mit der Person über Ihre Vermutungen. Fragen Sie sie ganz direkt, was Sie sich von Ihnen wünscht und was Sie ihr geben könnten: »Was wünschst du dir von mir? Wie kann ich dich glücklich machen? Was kann ich dir geben?«

Sie sind am Ende der letzten Übung in diesem Buch angekommen. Sie sind dabei einem anderen Menschen nahegekommen und haben über ihn und Ihre Beziehung zu ihm nachgedacht. Das wird vermutlich nicht nur diese Beziehung verändern. Machen Sie sich die Bewegung hin zum anderen zur Gewohnheit: Ein paar Sekunden, ein paar Minuten – länger muss ein Hineinversetzen im Alltag oft gar nicht dauern.

Und nun können Sie sich auch einfach mal zurücklehnen und voller Stolz auf das blicken, was Sie während der Arbeit mit den sieben Übungen in diesem Buch vollbracht haben.

Verstehen

Berlin im Spätsommer 1984. Die Internationale Funkausstellung als weltweit wichtigste Messe für Unterhaltungselektronik ist in vollem Gange. Als Zehntklässlerin stehe ich gemeinsam mit einer ziemlich abgedrehten Kunststudentin an einem kleinen Verkaufsstand für die Artikel eines Fernsehsenders – Plüschtiere, Schlüsselanhänger und Maskottchen. Wir beobachten das Treiben um uns. Da steuert eine Frau auf uns zu, die nervös an ihrer Unterlippe kaut. Sie kramt einen Zwanzigmarkschein aus der Handtasche und wedelt mir damit vor der Nase herum: »Kann man bei Ihnen was kaufen? Ich werde gerade depressiv, ich muss schnell irgendwas haben, sonst kriege ich meine nächste Depression!« Sie stopft einen Plüschbären in die Tasche und verschwindet in der Besuchermenge. Wir sehen uns an und prusten los. Damals wusste ich noch nicht, wie quälend die dumpfe Leere und Selbstabwertung bei einer Depression sein können.

Der eine füllt die innere Leere mit Plüschtieren. Ein anderer findet sich erst dann stark, wenn er in seinem knallrot lackierten Cabrio das Gaspedal tritt. Ein Dritter fühlt sich klug, seit er den Doktortitel vor dem Namen tragen kann. Kaum einer in unserer Gesellschaft ist frei davon, etwas haben zu wollen – materielle Besitztümer, Überzeugungen, Werte, Titel, Liebe. Und wir sind entweder damit beschäftigt, wie wir es bekommen können, oder damit, dass wir es nicht haben können. Doch was ist, wenn wir vom Habenwollen ablassen?

»Haben oder Sein?«, fragt der Sozialpsychologe Erich Fromm in seinem gesellschaftskritischen Klassiker der 1970er Jahre. Denn es gibt eine Alternative zur Haben-Orientierung: die Sein-Orientierung. Damit baut jemand seine Identität auf dem auf, wie er ist, wie er denkt, lebt, handelt, sich entwickelt und etwas erschafft. Das Sein zu leben ist in unserer Gesellschaft weitaus schwieriger. Sein ist für mich das Loslassen dessen, was ich haben will, und das Aushalten der entstehenden Leere. Dann füllt sie sich mit dem, was im Moment gerade ist. Sein bedeutet, einfach da zu sein.

Ich möchte aber auch noch etwas anderes fragen, nämlich: »Haben oder Geben?« Stellen Sie sich vor, Sie wollten irgendetwas unbedingt haben – schicke Schuhe, eine gerade Nase oder ein schnelles Auto. Dann entsteht ein Streben, um den Wunsch zu befriedigen. Vielleicht sind Sie unruhig und suchen nach Wegen, um das zu bekommen, was Sie haben wollen. Wenn Sie es haben, freuen Sie sich. Vermutlich aber nutzt sich die Befriedigung irgendwann ab, und Sie suchen sich ein neues Objekt der Begierde. Wenn Sie allerdings nicht bekommen, was Sie wollen, fühlen Sie sich vermutlich enttäuscht, frustriert, traurig oder leer. Und dann gelangen Sie zu einem interessanten Punkt: Sie lassen den Wunsch los. Loslassen. Pause. Und diese Pause, bevor der nächste Wunsch am Horizont auftaucht, ist eine kostbare Zeit. Dazu erzähle ich Ihnen das Beispiel von Jonas, der erst die Liebe einer Frau gewinnen will, später geht es ihm dann aber um etwas anderes.

Jonas ist verliebt. Ziemlich heftig sogar. Er schläft kaum noch, isst so gut wie nichts mehr, schwänzt seine Vorlesungen. Er versinkt in Tagträumen, kauft haufenweise Musik-CDs, ein neues Handy, sogar ein cooles Fahrrad. Wenn sie, Livia, ihm auf dem Campus über den Weg läuft und sie ein paar Worte wechseln, wehen ihn ihr Duft und ihr Lachen an. Er will mit ihr zusammen sein. Er will sie haben. Doch Livia liebt ihn nicht, jedenfalls nicht so, wie er es gern hätte. Sie mag ihn, mehr nicht.

Das Ganze geht über ein halbes Jahr und fordert all seine Kräfte. Mal ist er überdreht, mal zittern seine Knie, mal fühlt er sich großartig, dann wieder unbedeutend – er durchlebt das gesamte Spektrum dieses verrückten Zustands, den er mit 23 Jahren schon einigermaßen kennt, auch wenn er deshalb nicht weniger drängend ist.

Eines Tages sagt Livia ihm so deutlich, wie sie nur kann, sie wolle nichts von ihm und das werde auch so bleiben. Jonas quält sich durch schwarze Wochen, aber dann gesundet er von seiner Verliebtheit wie von einer Krankheit.

Und genau da, beim Loslassen, ist der Punkt, den ich so bedeutsam finde. Denn von dort aus kann es in eine andere Richtung weitergehen. Jonas hat diesen anderen Weg eingeschlagen, deshalb freue ich mich, sein Beispiel erzählen zu können. Bei ihm zeichnet sich eine ganze Kette von andersartigen

Bewegungen ab, die mit dem Abschied von dem Wunsch beginnt. Diese Kette lässt sich auf andere Situationen übertragen, die mit dem Habenwollen beginnen, und sieht in meiner Vorstellung so aus: haben wollen – loslassen – zu sich finden und sein – erkennen – echtes Geben – lieben.

Ab dem kostbaren Moment des Loslassens beginnt Jonas nämlich mit einer neuen Art zu »sein«. Er findet zu sich und fühlt überhaupt erst wieder, was er außer Livia braucht. Wie die meisten Verliebten hat er stark abgenommen, doch jetzt verzehrt er sich nicht mehr nach Livia, isst wieder normal und kein Junkfood mehr. Er denkt viel über sich nach und versteht immer besser, warum er so verliebt war: Livias lässige Lebenshaltung des »Man kriegt alles irgendwie hin« hat ihn, den schüchternen Selbstunsicheren, begeistert. Jetzt beginnt er, die bei Livia bewunderten Eigenschaften in seine eigene Person zu integrieren, und hat mit einem Mal mehr Schneid, als er gedacht hatte. Als ihm in einem Seminar ein Kommilitone rüde das Wort abschneidet, verbittet er sich die Unterbrechung und schaut dem anderen dabei direkt in die Augen, so dass dieser den Mund hält. An dem Nachmittag geht Jonas zur Straßenbahn und fühlt sich sicher und fest. Er lächelt absichtslos vor sich hin, und die Fußgänger, die ihm entgegenkommen, lächeln zurück.

Jonas schafft sich gerade die Voraussetzung für weitere Schritte auf dem Weg zum echten Geben. Denn wer selbst nicht voller unerfüllter Wünsche ist, sondern auf seine Bedürfnisse achtet und in diesem Sinn »satt« ist, kann sich in einen anderen Menschen einfühlen und erkennen, was er ihm geben könnte, ohne etwas zurückhaben zu wollen oder den anderen zu beeinflussen. Die Alternative zum Habenwollen ist also nicht, sich selbst zu vernachlässigen, sondern gerade viel für sich zu tun. Aber an diesem Punkt auch nicht stehen zu bleiben, sondern von dort aus Schritt für Schritt weiterzugehen zum Geben. Dazu noch einmal Jürgen Todenhöfer: »Teile dein Glück. Tue viel für dich, aber noch mehr für andere.«

Zwei Monate später trifft Jonas zufällig in der Mensa auf Livia. Und was er während der gesamten Verliebtheitsphase nicht gesehen hat, springt ihm nun geradezu ins Auge: Während Livia die Kassiererin etwas fragt, tritt sie von einem Fuß auf den anderen, kaut an ihrer Unterlippe und fährt sich ständig mit der Hand durchs Haar. Jonas steht hinter ihr und beobachtet sie. Von wegen lässig!, denkt er nicht mit Genugtuung, sondern weil er sich freut. Er freut sich, sie so zu sehen, wie sie ist, und nicht mehr so, wie er sie gern hätte. Später sitzen sie zusammen beim Essen, und zum ersten Mal kann er ihr uneingeschränkt zuhören, denn er muss nicht daran denken, ob er zu verkrampft dasitzt oder ob der Pickel auf seiner Stirn auffällt. Sie erzählt, dass ihr Studium nicht so läuft, wie es sollte, dass sie ihre Hausarbeiten aufschiebt, weil sie nicht weiß, wie sie beginnen soll. Jonas hört zu und fühlt ihre Angst, das Studium nicht zu schaffen.

Da war der nächste Schritt: erkennen. Sie haben diesen Schritt in der Übung ausprobiert, indem Sie sich in einen anderen Menschen hineinversetzten. Wenn Sie einen Menschen wirklich zu erkennen versuchen, setzen Sie die Brille des Habenwollens ab und sehen ihn, wie er ist. Das kann so weit gehen, dass man das Gefühl hat, den anderen in seinem Kern zu erkennen, durch alle Schichten hindurch. Das passiert natürlich nicht ständig, es ist eher eine Sternstunde des Erkennens, die sicher günstige Bedingungen braucht, etwa gegenseitige Sympathie, Interesse, Bereitschaft und Zeit. Aber es geht, und dann ist das ein großes Abenteuer.

Vor kurzem war ich in Wolfsburg in einer Ausstellung des Bildhauers Alberto Giacometti. Dort stand an einer Wand ein

Zitat neben seinen wundervollen Porträtskulpturen: »Und das Abenteuer, das große Abenteuer besteht darin, in ein und demselben Gesicht jeden Tag wieder etwas Unbekanntes hervortreten zu sehen, das ist großartiger als alle Reisen um die Welt.« Dieses Erkennen ist aber nicht nur für den Erkennenden großartig. Denn hier findet schon die Hinwendung zur nächsten Bewegung in der Kette statt. Im Wesenskern von einem anderen Menschen erkannt zu werden ist nämlich ein Grundbedürfnis des Menschen. Wenn es erfüllt wird, blüht der »erkannte« Mensch auf, weil er sich innerlich gesehen fühlt. Und damit sind Sie auch schon beim Geben.

Noch am selben Abend hat Jonas eine Idee: Er kann gut schreiben, Livia offensichtlich nicht. Ihm fließen die Worte für die Hausarbeiten nur so aus den Fingern in die Tastatur, sie brütet drei Stunden über einem Satz. Also verabredet er sich mit ihr, und sie schreiben eine ihrer Hausarbeiten zusammen. Sie erzählt, er tippt und ergänzt hier und da, was ihm dazu noch einfällt. Nach drei Stunden steht die Erstfassung, und er klappt den Laptopdeckel zu. Livia guckt ungläubig, dann beginnt sie Freude zu empfinden.

Echtes Geben heißt, einen Menschen wirklich zu sehen und ihm das zu geben, was er braucht und sich vielleicht auch wünscht. Livia bei ihren Hausarbeiten zu helfen war ein Volltreffer. Die Idee dazu hatte Jonas, als er mit ihr in der Mensa beim Essen saß und plötzlich das Gefühl hatte, sie wirklich zu sehen. Er hätte ihr auch erzählen können, wie man eine gute Hausarbeit strukturiert; er hätte sie ebenso gut ins Kino einladen können, damit sie mal auf andere Gedanken kommt. Damit hätte er knapp danebengelegen. Echtes Geben heißt eben nicht, dem anderen etwas zu geben, von dem man nur *meint*, dass dieser es sich wünscht. Oder dass man dem anderen etwas gibt, weil man selbst davon profitiert.

»Komm, ich helfe dir«, rief der Affe dem Fisch im Fluss zu. Er kletterte von seinem Baum und nahm den Fisch behutsam aus dem Wasser. Er trug ihn mit sich auf den Baum und setzte ihn in seine Lieblingsastgabel, auf der er sonst den Ausblick genoss und dabei seine Lungen mit frischer Luft füllte. Der Affe war glücklich, denn er hatte seinen Lieblingsplatz an den Fisch abgetreten und fühlte sich als Wohltäter. Und er hatte jetzt einen Gefährten hier oben. Der Fisch aber weinte und sagte: »Bitte, wirf mich zurück ins Wasser, am besten in den See dort hinten, da wollte ich schon immer hin.« Der Affe tat schweren Herzens, was der Fisch sich gewünscht hatte. Als er den Fisch glücklich im See schwimmen sah, freute er sich und verstand. Er lernte schnell.

Herauszufinden, was echtes Geben ist, ist eine Daueraufgabe und eine ständige Herausforderung. Auch dann noch, wenn jemand sein Streben längst vom Habenwollen aufs Geben verlagert hat. Denn ich glaube, man erfährt nur bei einem winzigen Bruchteil dessen, was man anderen gibt, dass es für den anderen wertvoll war. Andere Menschen freuen sich zwar, sind dankbar, nehmen die Gaben an. Doch was davon teilen sie dem mit, von dem sie es empfangen haben? Dankbarkeit und Wertschätzung zu äußern ist nicht gerade üblich, erst recht nicht für die kleinen, unauffälligen Dinge – eine freundliche Geste, eine inspirierende Bemerkung, ein Lachen. Deshalb gilt es immer wieder neu, sich in den anderen einzufühlen, aber auch, ganz konkret zu fragen, ob die eigenen Vorstellungen wirklich stimmen. In meiner Arbeit als Coach versuche ich zum Beispiel immer neu zu fragen – mich selbst und mein Gegenüber: Soll ich raten, fragen, zuhören, konfrontieren, innehalten, mitgehen, das Coaching beenden, eine Pause oder mehr Termine vorschlagen, bestärken oder gegenhalten, anerkennen oder kritisieren? Natürlich: Was den anderen wachsen lässt und ihm hilft, sich weiterzuentwickeln, was ihn vollständiger und glücklicher macht, ihn voranbringt auf seinem Entwicklungsweg – das ist das Richtige. Aber das Richtige ist auch jeweils das, was der andere annehmen kann.

Geben sollte also den anderen erreichen und dem entsprechen, was er braucht und sich wünscht – ob bewusst oder unbewusst. Aber beim echten Geben geht es wie gesagt nicht nur um den anderen. Als Jonas mit Livia an ihrer Hausarbeit arbeitet, merkt er erstaunt, dass auch er davon profitiert. Er lernt einiges über Livias Studienfach Erziehungswissenschaften, was er für sein Biologiestudium verwenden kann, und hat gleich noch eine Idee für seine eigene Hausarbeit. Zudem hat er mit Livia an dem Nachmittag so viel gelacht, dass er die Stimmung mitnehmen und noch an den nächsten Tagen mit anderen Kommilitonen herumscherzen kann.

Geben sollte nie verausgabend sein für denjenigen, der gibt. Denn so würde es in Erschöpfung, innere Leere und Verarmung führen. Dann ist es nicht Geben, sondern Selbstausbeutung. Eigentlich können wir ganz leicht herausfinden, ob es sich bei dem, was wir gerade tun, um echtes Geben handelt. Ich mache das jedenfalls, indem ich prüfe, wie ich mich währenddessen und hinterher fühle: Wenn ich aus einer Situation des Gebens, etwa aus einem Beratungsgespräch, bereichert, gestärkt und zufrieden herausgehe, dann war das Geben echt, dann waren Geben und Nehmen im Fluss. Ich habe gespürt oder gehört, dass das Gegebene bei dem anderen angekommen ist, dass es gut für ihn war, etwas bewegt hat oder noch bewegen wird. Dankbarkeit, Freude, Erleichterung und ein Gefühl von Fließen spielen eine Rolle. Fühle ich mich dagegen leer, ausgepowert oder gar ausgenutzt, dann ist der Fluss ins Stocken geraten. Dann war es kein echtes Geben. Dann versuche ich gegenzusteuern, etwa, indem ich es bei der nächsten Gelegenheit anspreche.

Geben und Nehmen gehören zusammen. Wer reichlich gibt, empfängt auch reichlich. Ich erwähne noch einmal das Ehepaar Tutu: »Wer gibt, bekommt etwas zurück, auch wenn es oft nicht so scheint«, sagt Desmond Tutu. Und dann erzählt er, dass er seine Frau Leah einmal fragte, wie er sich entscheiden solle – kämpfen oder den Mund halten während der heißen Phase des Widerstands gegen das rassistische Apartheidsregime Südafrikas, das viele politische Gefangene auf Robben Island, einer Insel vor Kapstadt, inhaftierte. Sie erwiderte: »Es wäre mir lieber, dich auf Robben Island glücklich zu wissen als frei und unglücklich, weil du geschwiegen hast.« Sie wusste, was ihn glücklich machen würde, und antwortete so, wie es seinem inneren Streben entsprach. Er wiederum hat die Kraft, die sie ihm damit vermittelt hat, niemals vergessen und weiß, wann die Zeit gekommen ist, eine andere Form des Gebens als die politische Arbeit in den Vordergrund zu stellen. Vor einiger Zeit verkündete er, dass er sich aus dem öffentlichen Leben immer mehr zurückziehen werde. Der Grund? Er wolle sich verstärkt seiner Frau widmen. Für ihn sei die Zeit gekommen, ihr mehr zurückzugeben für das, was sie ihm ihr gemeinsames Leben lang gegeben habe. Aber das Empfangen kommt wie nebenbei und von selbst, es ist nicht die vorrangige Absicht, die hinter dem Geben steht. Erst absichtslos entsteht der beglückende Fluss.

Auch die Frage, was jemand überhaupt geben *kann*, spielt eine Rolle. In dem Spielfilm »Big Fish« erzählt ein Vater, Edward, sein Leben lang abenteuerliche Geschichten. Andere hören seinen Geschichten voller Begeisterung und Spannung zu, sein Sohn William jedoch nicht. William kann den Geschichten keinen Glauben schenken, er kann sie nicht annehmen. Also kann Edward seinem Sohn offensichtlich nicht das geben, was dieser braucht. Edward steht im Film schließlich am

Ende seines Lebens und fragt sich: Hätte er anders sein sollen? Hätte er anders sein *können,* um seinen Sohn zu erreichen? Er konnte nicht. Nicht immer bedeutet Gebenwollen auch Gebenkönnen, das muss wohl jeder akzeptieren, der geben will. So kann der Gebende nur bereit sein, stetig neu zu überdenken, was er als Bestes von sich geben könnte. Zugleich kann der Nehmende versuchen zu erkennen, was der andere gibt. Er kann sich öffnen für das, was der andere geben kann, und versuchen, es anzunehmen.

In »Big Fish« liegt Edward bereits im Sterben, als Vater und Sohn endlich in den Fluss von Geben und Nehmen eintauchen können: William erzählt seinem Vater eine phantasievolle Geschichte. Er erfüllt ihm damit seinen letzten Wunsch. Und im Erzählen werden auch die Geschichten seines Vaters plötzlich wahr für ihn, er kann sie endlich annehmen als Geschenk, das der Vater ihm zuvor vergeblich zu machen versuchte. Der Vater stirbt glücklich und von seinem Sohn erkannt und geliebt. Und damit sind wir beim letzten Glied in der Kette vom Haben zum Geben angekommen: dem Lieben.

Liebe zeigt sich in unendlich vielen Formen und bedeutet für jeden etwas anderes. In diesem Kapitel ging es letztendlich um das Liebegeben – vorbehaltlos, freigebig, freiwillig. Und um das Liebenehmen – offen, freudig und dankbar. Machen Sie es sich zur Gewohnheit, bei anderen Menschen zu ergründen, wie Sie sie erkennen, was Sie ihnen geben, kurz, wie Sie sie lieben können. Sie werden darin mit der Zeit immer besser. Und dadurch immer glücklicher.

Empfehlungen zum Lesen, Sehen und Hören

Die fünf Geheimnisse, die Sie entdecken sollten, bevor Sie sterben. Sachbuch von John Izzo auf Basis einer soziologischen Studie über die Lebensweisheiten von Menschen, die von anderen als glücklich, weise und erfüllt lebend bezeichnet wurden. Seine Interviewpartner erzählen unter anderem von dem Wunsch nach Verbundenheit mit etwas Größerem als ihnen selbst, der sich eben dann erfüllt, wenn sie geben.

Der Sinn des Gebens: Warum Selbstlosigkeit in der Evolution siegt und wir mit Egoismus nicht weiterkommen. Der Sachbuchtitel des Wissenschaftsautors Stefan Klein spricht für sich. Auch die Wissenschaft bestätigt die Vorteile des Gebens als Grundhaltung in Beziehungen: »Für andere zu sorgen, schützt uns nicht nur vor Einsamkeit und Depression. Vielmehr macht uns Selbstlosigkeit glücklicher und erfolgreicher – und beschert uns nachweislich sogar ein längeres Leben.« Und auf Seite 16 schreibt Stefan Klein: »Heute stehen wir an einer ähnlichen Schwelle: Die Herausforderung ist, Zusammenarbeit in viel größeren Maßstäben zu lernen. Es ist Zeit für eine zweite altruistische Revolution. Wir haben durchaus Grund, optimistisch zu sein. Durch elektronische Netze, müheloses Reisen und globalen Handel rücken entlegene Gegenden der Welt näher, wachsen Kulturen in atemberaubendem Tempo zusammen ... Es kostet uns zunehmend weniger, selbstlos zu sein, während Egoismus immer riskanter wird. Die Zukunft gehört den Altruisten.«

Psalm. Song von Sidsel Endresen & Bugge Wesseltoft, der dabei helfen kann, loszulassen und sich auf das Wesentliche zu besinnen.

Big Fish. Spielfilm von Tim Burton, der den Konflikt zwischen dem Fabulierer Edward und seinem nüchternen Sohn William vor dem Hintergrund der Lebensgeschichte des Vaters erzählt. Ich finde, der Film ist ein schönes Beispiel dafür, wie schließlich Versöhnung stattfinden kann, aber auch dafür, wie schwer sie fallen und wie lang der Weg dorthin sein kann.

Teile dein Glück ... und du veränderst die Welt! In dem Sachbuch erzählt der ehemalige Bundestagsabgeordnete Jürgen Todenhöfer, der immer wieder in Kriegsgebieten unterwegs ist und sich seit Jahren gegen die kriegerische Einmischung des Westens in Afghanistan und im Irak engagiert, von seiner Weltanschauung und aus seinem Leben. Am Schluss des Buches schildert er die kurze Begegnung mit einem Jungen mitten im Kriegsgebiet der Grenzregion zwischen Afghanistan und Pakistan: »Am Straßenrand kommt uns in zerschlissenen Gummisandalen ein etwa zwölf Jahre junger hübscher Pakistani mit verwuschelten Haaren entgegen. Er trägt einen schmächtigen, offenbar gelähmten Jungen auf seinem Rücken. Beide strahlen über das ganze Gesicht. Das ist in dieser finsteren Gegend so verblüffend, dass ich den Kommandanten des Grenztrupps bitte, kurz anzuhalten. Etwas widerwillig gibt er dem Fahrer ein Zeichen. Ich steige aus und gehe auf die beiden Jungen zu. Auch sie sind stehen geblieben. Unbewaffnete Westler sind am Khyberpass eine Seltenheit. Über meinen Dolmetscher frage ich den fröhlichen Träger, warum er so strahle. Karim, so heißt der kleine Paschtune, antwortet: ›Weil ich glücklich bin.‹ Wer der gelähmte Junge auf seinem Rücken sei, frage ich nach. ›Mein Bruder. Den trage ich jeden Tag spazieren. Ein paar Stunden.‹ Ob das nicht schwer und mühsam sei, will ich wissen. ›Nein, das ist schön‹, lacht Karim. ›Er ist mein Bruder.‹ Dann geht er freudestrahlend weiter, seinen Bruder im Huckepack. Karim ist glücklich, weil er seinem Bruder eine Freude machen kann. Obwohl er in einer der armseligsten und gefährlichsten Gegenden der Welt lebt. Er teilt sein Glück, obwohl er eigentlich gar keins hat. ›Karim‹ heißt auf Deutsch ›großzügig‹« (S. 263 – 264).

Wollen und Lassen

Ich sitze an meinem Laptop und schreibe. Einmal blicke ich auf, da hat sich jenseits des Fensters ein heller Schein über den Nachthimmel gezogen. Und dann beginnt sie zu singen, und ich sehe den Schattenriss der Amsel, die sich in den obersten Zweigen der Linde vor meinem Fenster postiert hat. Jetzt, Anfang April, singt sie besonders laut. Ich schreibe inspiriert zwanzig Minuten eine Textseite für mein Buch glatt runter – für eine Erstfassung ganz gut. Aber jetzt wird das Schreiben zäh. Die Amsel hat aufgehört zu singen, die Stimmen des Tages rücken vor. Spatzengeschrei, ein startender Automotor, die Nachrichtenradiostimme von nebenan. Irgendwo schlägt eine Haustür zu, und Absatzschritte knallen über das Gehsteigpflaster. Aber ich will: Ich will das Kapitel heute zu Ende schreiben. Ich will in meinem Zeitplan bleiben. Ich will mein Manuskript pünktlich abgeben. Ich will, dass es ein gutes Buch wird. Ich setze die Fingerkuppen wieder auf die Tastatur.

Ja. Ich will viel in meinem Leben. Erfolgreich will ich sein – nach meiner eigenen Definition von Erfolg, die viel mit Wachsen zu tun hat, mit ganzheitlicher Selbstentwicklung. Ich will mich immer und immer weiter entfalten. Etwas beitragen will ich auch, und das heißt für mich: Geben. Ich will auf die Art etwas geben, die mir am meisten liegt, denn so ist es für mich bereichernd, nicht verausgabend. Und ich will erfüllt leben, alles eingeschlossen: weinen können, wenn ich spüre, wie jemand leidet. Stark sein, wenn einer das braucht. Konzentriert mit meinem Sohn spielen, auch wenn mein Kopf noch von der Arbeit dröhnt. Ich will ahnen, wann es in Beziehungen gilt, näher oder ferner zu rücken. Ich will gegen Unfreiheit und Erniedrigung kämpfen. Ich will frei denken und fühlen, fest stehen, groß bleiben, aufrichtig reden und handeln. Ja, ich will viel, und das ist gut so. Denn das ist die eine Seite.

Und zu dieser einen Seite gehört eine Dauerfrage: Wie lässt sich all das, was ich, was andere, was Sie wollen, verwirklichen? Was geschieht mit den Erkenntnissen, die Sie beim Lesen dieses Buches gewonnen haben? Das Wesentliche: Wie nehmen Sie es auf Dauer in Ihren Alltag mit?

Immer weiter wollen

Da tut der junge Mann alles für den neuen Job, statt sich in der entsprechenden Situation auch einmal mit einem »Nein« Respekt zu verschaffen. Da öffnet der müde Vater das nächste Bier, statt sich der Kritik seines pubertierenden Sohns zu stellen. Da verliebt sich die fröhliche Frau ständig in andere Männer, statt ihre Beziehungsfähigkeit mit ihrem Lebensgefährten weiterzuentwickeln. Nebenschauplätze eröffnen, verschieben, vergessen, verdrängen: Kaum jemand schafft es allein mit Beharrlichkeit und Selbstdisziplin, seine Gewohnheiten zu verändern – sei es, weniger fernzusehen oder ein neuer Mensch zu werden. »Wir brauchen nicht so fortzuleben, wie wir gestern gelebt haben. Machen wir uns von dieser Anschauung los, und tausend Möglichkeiten laden uns zu neuem Leben ein«, schreibt der Dichter Christian Morgenstern. Diese tausend Möglichkeiten interessieren mich viel mehr als die Frage, wie man mit Disziplin seinen inneren Schweinehund überwindet.

Denn nach meiner Erfahrung mit mir selbst und mit meinen Klienten – vor allem denen, die ich langfristig begleite – hilft für nachhaltige Veränderung und Weiterentwicklung vor allem eines: Lust. Lust auf das Ziel und auf den Weg. Verlockend und ersehnt sollte das sein, wo Sie hinwollen. Dann versagt sich die Frau, die ich eben erwähnte, nicht mühselig und halbherzig die nächste Verliebtheit, sondern sie hat etwas Besseres gefunden: Sie wird Entdeckerin und freut sich daran, die Nuance im Lächeln ihres Lebensgefährten einzufangen. Sobald Sie mit dem, was Sie tun, im Fluss sind, gehen Sie wie von selbst voran. Bei mir ist es zum Beispiel so mit dem Schreiben: Wenn ich schreibe, bin ich ganz bei mir. Ich vergesse alles um mich, die Zeit, den Hunger, das Telefonklingeln. Ich merke nicht mehr, dass ich denke. Ich gehe im Tun auf. Alles ist richtig, die Worte fließen, ich bin präsent. Leichtfüßig gehe ich mit dem, was ich will. Aber wie gesagt, das ist nur die eine Seite.

Die andere Seite

Die Deckenlampen werfen ihr weiches Licht über den Workshop-Raum. Ich rücke die Stühle gerade, vorsichtig, denn neben manchen Stuhlbeinen stehen noch halb gefüllte Wassergläser. Ich ordne Materialien, räume Kisten. Mein Magen ist leer, im Kopf ist es laut. Es war ein besonderer, ein zu zweit geleiteter Workshop, monatelang aufwendig vorbereitet, monatelang standen alle Zeichen auf »Wollen«. So arbeite ich am liebsten: mit vollem Krafteinsatz in dem Gefühl, das Richtige richtig zu tun. Jetzt bin ich zufrieden, verausgabt, glücklich. Spätabends sinke ich ins Bett.

Am nächsten Morgen fällt mir ein kleines Büchlein des Schriftstellers Janosch in die Hände, der nicht nur Kinderbücher geschrieben hat. *Zurück nach Uskow*, eine garstige und bittere Geschichte, erzählt von einem Steinmetz, dessen Lebensfreude schon in der Kindheit von einer gewalttätigen Erziehung zerhauen wurde. Er fragt sich, wie er dem Tod lachend entgegengehen kann. So war es einst verabredet. Jetzt, wo es so weit ist, gelingt ihm kein Lachen. Aber da tritt ein Hund mit grünen Augen auf, der ihm zeigt, wie man loslässt und nichts mehr will. Eine traurige Geschichte.

Und mittags, am selben Nach-Workshop-Tag, treffe ich eher zufällig auf einen Bekannten, der – frisch operiert, wund und davon erschrocken – in seiner Angst vor dem Sterben kaum mehr als wütende Witze über Ärzte reißen kann. Er tut mir schrecklich leid.

Ich weine also ständig an diesem Wochenende, und das ist gut so. Weil Wollen nur die eine Seite ist. Gerade bin ich beim Lassen angekommen. Kopf oder Zahl – eine Seite der Münze bleibt jeweils verborgen. Und am Sonntagabend habe ich wieder beides, hin und her drehe ich die Münze und bin dankbar, dass ich beide Seiten sehen kann. Etwas wollen, alles dafür tun: Wenn ich doch ewig weitergehen und weiterwollen könnte. Und gleichzeitig alles lassen, nichts wollen. Wenn morgen mein letzter Tag wäre, so wäre es auch gut.

Auf dem Weg des Wollens gibt es diese sanften Grenzen, die nur fein anzeigen, dass mit dem Wollen etwas nicht mehr im Lot ist: der Dämpfer vom Vorgesetzten, die schüchterne Kritik der Freundin, der verstauchte Knöchel. Das diffuse Entfremdungsgefühl. Da können Sie noch wählen, ob Sie den Hinweis aufnehmen wollen oder nicht, ob Sie neu justieren. Es gibt aber auch die härteren Grenzen: die dauerhaft freudlose Arbeit; die Intrige in der Partei, in der man sich mühsam nach oben gekämpft hat; die schlechten Prüfungsnoten. Und es gibt die ganz harten Grenzen, an denen niemand vorbeikann: Das Geld ist aufgebraucht. Der geliebte Mann trennt sich von einem. Das eigene Kind stirbt. Eine schwere Krankheit zehrt die eigenen Kräfte auf, und der Tod rückt ins Blickfeld. Und immer dann, spätestens wenn diese sanften oder harten Grenzen auftauchen, wartet eine Frage darauf, beantwortet zu werden: Stimmt der Preis noch? Will ich noch, was ich wollte? Oder ist es Zeit, die Münze zu drehen?

Gunnar, von dem ich im Einleitungskapitel erzählt habe, wollte hoch hinaus, dreizehn Stunden am Tag hat er dafür geackert. Seine Frau wollte nicht mehr. Und auf einmal ist ihm der Preis zu hoch, und das Wollen macht dem Lassen Platz. Er lässt Angst und Leere da sein, bis sich eine neue Richtung in seinem Leben abzeichnet.

Einfach lassen. Einfach? – Bestimmt nicht. Immer wieder neu ist es ein Austarieren: das Wollen prüfen und das Lassen üben. Dabei hilft die Freude im Tun. Wer sein Glück so wenig wie möglich von den Umständen abhängig macht, der kann leichter lassen, weil auch die andere Seite gut ist. Dabei hilft auch, sich bereitzuhalten für das Lassen. Denn das Lassen kann man nicht einfach beschließen wie das Wollen. Lassen ist passiver, es geschieht eher, als dass man es »macht«. Beide Bewegungen zusammen erst führen Sie zum Wesentlichen: Hoffen und Aufgeben. Wollen und Lassen. Leben und Sterben.

Ich wünsche Ihnen, dass Sie immer besser wissen und fühlen, was Sie wollen. Dass Sie in unserem freien und reichen Land mit den vielfältigen Möglichkeiten Ihre Freiheit nutzen und jedes Das-geht-nicht-Denken ablegen, so dass Sie mit voller Kraft zu Ihrem Wesentlichen streben können. Und dass Sie die Münze jederzeit drehen können. Denn das Leben wartet nicht.

Das Fenster steht weit offen, schließlich riecht es nach Frühling. Längst ist mein Sohn in der Schule, mein Mann bei seiner Arbeit. Drei Coaching-Sitzungen mit Klienten, etwas Büroarbeit, zwei Telefonate mit Kooperationspartnern liegen hinter mir. Jetzt habe ich noch eine Stunde. Ich will an heute Morgen anknüpfen und an meinem Buchmanuskript weiterarbeiten.

Ich schreibe, ich lösche, ich baue Sätze neu, ich verschiebe Textblöcke. Der Abgabetermin naht, und ich war noch nie eine, die Fristen überzieht. Doch meine Augen brennen, mein Rücken ist hart.

In dem Moment steuert ein runder Käfer aus der Frühlingsluft herein, landet auf der Tastatur und faltet seine Flügel unter die roten Deckel. Klettert auf den Tasten herum. Jetzt sitzt er auf der »P«-Taste und pausiert. P wie Pause? Ich muss lachen. Der Käfer hockt noch immer dort. Da speichere ich meinen Text, nehme den Kleinen auf meinen Zeigefinger und gehe mit ihm die Treppen hinunter, auf die Straße, zwischen den parkenden Autos hindurch und über den niedrigen Zaun, meine Abkürzung. Und schon bin ich im Park. Natürlich weiß ich, wie Marienkäfer das machen, das lernt man als Kind: Sie laufen immer nach oben. Ich lasse ihn. Kaum ist er auf der Fingerkuppe angekommen, faltet er seine Flügel auf und fliegt in die neue und Jahrmillionen alte Frühlingsluft davon.

Zwei letzte Empfehlungen zum Lesen

Willenskraft. Warum Talent gnadenlos überschätzt wird. Sachbuch von Christian Bischoff, der zeigt, wie man das tut, was man wirklich will. An einer Stelle, die mir besonders gut gefällt, erzählt der Motivationsexperte, wie er seine Ziele eigenwillig und fokussiert verfolgt: »Heute beobachte und vergleiche ich mich mit niemandem mehr. Ich bin total naiv geworden. Ich höre, dass andere über mich reden. Ich weiß, die Branche beobachtet mich. Aber ich schaue nur noch auf mich selbst. Ich weiß einfach, dass ich meinen eigenen Weg gefunden habe. Den gehe ich jetzt.«

Zurück nach Uskow. Von Janosch. Das Buch handelt von der anderen Seite, dem Nichtwollen, dem Lassen, das der Steinmetz Steiner erst kurz vor Ende seines Lebens als Schlüssel zum Glück versteht. Er erzählt: »Ich kannte einmal einen, der lebte mühelos. Alles war in Ordnung, er war fröhlich, und ich fragte ihn, wie er das macht. Ich erzählte ihm von jenem Stein, den ich trage, und dass ich einen Hass loswerden wolle – es ginge nicht. Er sagte: ›DAS WOLLEN ist der Fehler, Steiner.‹ Es gäbe ein paar wenige Regeln, mit denen man leben könne, und dieses sei meine ... ›NICHT WOLLEN, Steiner!‹ Auch nicht wollen, dass etwas anders hätte sein sollen, als es war. Es war, wie es war, und das ist so in Ordnung.«

Dank

Ich danke den Autoren, Schriftstellern, Filmemachern und anderen, deren Werke mich bei diesem Buchprojekt bereichert haben und die sich in diesem Buch wiederfinden.

Ich danke meinem Verlag und stellvertretend für das Verlagsteam Olivia Baerend und Kathrin Mayr für die gute Zusammenarbeit während aller Entstehungsphasen des Buches.

Ich bedanke mich bei meinen Klienten und Seminarteilnehmern der letzten fünfzehn Jahre, von denen ich in meinen Beispielen erzähle und die mir zum Teil ihre Notizen zur Verfügung gestellt haben. Alle Namen habe ich geändert und Beispiele anonymisiert, so dass sich keine realen Personen zuordnen lassen.

Ich danke den Menschen, die mich teilhaben ließen an ihrer Trauer um Gestorbene oder an ihrem eigenen Sterbeprozess.

Und ich danke meinen Kolleginnen und Kollegen für ihr bereicherndes Feedback zum Manuskript: Sandra Maria Fanroth von der Agentur für Weltrettung für ihr aufmerksames Lesen des gesamten Manuskripts, für ihr Interesse und die Inspiration in Gesprächen. Stefanie Kunz für ihren kritischen psychologischen Blick und fünfzehn Jahre fachlichen Austausch in der Zusammenarbeit im Krisendienst und bei Buchprojekten. Swantje Lahm für die bereichernden Gespräche. Gisela Holtmann-Scheuermann und Karl-Heinz Holtmann für ihre Hinweise auf der Grundlage ihrer über dreißigjährigen Erfahrung als Berater. Andrea Behnke für ihr Feedback zu den Geschichten. Der Illustratorin Petra Nitschke für das Coaching zu den Abbildungen.

Meinem Literaturagenten und Kooperationspartner Oliver Gorus danke ich für seine Ideen und sein Engagement, vor allem aber für die Inspiration und unseren freundschaftlichen Austausch.

Meinen Eltern danke ich für ihre Unterstützung, die in einem Arbeitsalltag mit »normaler« Arbeit, Bücherschreiben und Familie eine große Hilfe ist.

Mein Mann Jobst Scheuermann und unser Sohn haben das Buchthema von Beginn an bejaht, was nicht selbstverständlich ist. Ich danke meinem Sohn, der oft schon sehr weit denkt. Und ich danke meinem Mann, der für mich ein Vorbild für Weisheit und eine gebende Haltung ist. Er ist einer, der da ist, wenn's drauf ankommt; nicht nur bei mir.

Bücher, Filme, Links
und weitere Empfehlungen

Hier finden Sie alle Empfehlungen, die ich in den Kapiteln gebe, auf einen Blick und mit vollständigen Quellenangaben. Ich habe sie um weitere Empfehlungen ergänzt, die sich nicht unbedingt direkt einem Kapitel zuordnen ließen.

Alle Hör- und Textdateien zu den Übungen in diesem Buch finden Sie auf meiner Website www.ulrike-scheuermann.de zum Download.

Akademie Panta Rhei für einen neuen Umgang mit Sterben, Tod und Trauer. www.apr-ammersee.de.

Amnesty International. Menschenrechtsorganisation. www.amnesty.de.

Antonovsky, Aaron: *Salutogenese: Zur Entmystifizierung der Gesundheit.* Fachbuch, dgvt, 1997.

Ausländer, Rose: *Gedichte.* S. Fischer, 2001.

Bischoff, Christian: *Willenskraft – Warum Talent gnadenlos überschätzt wird.* Sachbuch, Econ, 2010.

Böschemeyer, Uwe: *Worauf es ankommt – Werte als Wegweiser.* Sachbuch, Piper Taschenbuch, 2005.

Burton, Tim (Regie): »Big Fish. Der Zauber, der ein Leben zur Legende macht«. Spielfilm, Sony Pictures Home Entertainment, 2004.

Coixet, Isabel (Regie): »Mein Leben ohne mich«. Spielfilm, Universum Film GmbH, 2009.

Derks, Lucas: *Das Spiel sozialer Beziehungen. NLP und die Struktur zwischenmenschlicher Erfahrung.* Fachbuch, Klett-Cotta, 2000.

Dickens, Charles: *Weihnachtslied.* Erzählung, Diogenes, 1989.

Diez, Georg: *Der Tod meiner Mutter*. Sachbuch, btb, 2011.

Dörrie, Doris (Regie): »Kirschblüten«. Spielfilm, MGM Home Entertainment, 2009.

Endresen, Sidsel, und Bugge Wesseltoft: »Psalm«. Song von der CD Nightsong, Curling le, 1997.

Fincher, David (Regie): »Der seltsame Fall des Benjamin Button«. Spielfilm, Warner Home Video, 2009.

Fromm, Erich: *Haben oder Sein*. Sachbuch, Deutscher Taschenbuch Verlag, 2011.

Gellert, Christian Fürchtegott: *Vom Tode.* Gedichte, www.zeno.org (deutschsprachige Volltextbibliothek). *Werke,* Band 1. Frankfurt a. M. 1979, S. 270 f.

Giacometti, Alberto: *Der Ursprung des Raumes.* Ausstellungskatalog, Kunstmuseum Wolfsburg und Museum der Moderne Mönchsberg, Salzburg, 2011.

Glattauer, Daniel: *Gut gegen Nordwind*. Roman, Goldmann, 2008.

Goisern, Hubert von, und Die Alpinkatzen: »Heast As Net«. Song, CD Austropop 50, Ariola, 2003.

Grün, Anselm: *Führen mit Werten. Ethisch handeln – Herausforderungen bewältigen.* Coaching-Kompaktkurs mit DVD, Olzog, 2009.

Hüther, Gerald: *Die Macht der inneren Bilder. Wie Visionen das Gehirn, den Menschen und die Welt verändern.* Sachbuch, Vandenhoeck & Ruprecht, 2010.

Izzo, John: *Die fünf Geheimnisse, die Sie entdecken sollten, bevor Sie sterben.* Sachbuch, Riemann, 2008.

Jäger, Willigis: *Ewige Weisheit. Das Geheimnis hinter allen spirituellen Wegen.* Sachbuch, Kösel, 2010.

Janosch: *Zurück nach Uskow.* Goldmann, 1992.

Käßmann, Margot: *In der Mitte des Lebens.* Sachbuch, Herder, 2010.

Klein, Stefan: »Was ist die Seele?«, Artikel im *Stern* Nr. 8 vom 17. Februar 2011.

Klein, Stefan: *Der Sinn des Gebens: Warum Selbstlosigkeit in der Evolution siegt und wir mit Egoismus nicht weiterkommen.* Sachbuch, S. Fischer, 2010. (Abdruck des Zitats auf S. 203 mit freundlicher Genehmigung des Verlags.)

Kubica, Jozef: Faces of Everest. Foto-Porträtserie. Abdruck der Fotos in diesem Buch mit freundlicher Erlaubnis von Jozef Kubica, www.jozefkubica.com.

Kübler-Ross, Elisabeth: *Über den Tod und das Leben danach. Sachbuch,* Silberschnur, 1989.

Küstenmacher, Marion, Tilmann Haberer und Werner Tiki Küstenmacher: *Gott 9.0: Wohin unsere Gesellschaft spirituell wachsen wird.* Sachbuch, Gütersloher Verlagshaus, 2010.

Márquez, Gabriel García: *Die Liebe in den Zeiten der Cholera.* Roman, Fischer Taschenbuch, 2004.

Moltke, Helmuth James von und Freya von: *Abschiedsbriefe Gefängnis Tegel September* 1944 – *Januar* 1945. Komplett erhaltener Briefwechsel, C. H. Beck, 2011.

Mozart, Wolfgang Amadeus: Requiem d-Moll (KV 626) für Soli, Chor, Orchester und Orgel. Audio-CD, Deutsche Grammophon, 1989.

Mozart, Wolfgang Amadeus: *Briefe.* Herausgegeben von Willi Reich, Manesse, 1986.

O'Kelly, Eugene: *Auf der Jagd nach dem Tageslicht – Wie mit meinem bevorstehenden Tod ein neues Leben begann.* Sachbuch, FinanzBuch Verlag, 2006.

Olvedi, Ulli: *Über den Rand der Welt.* Roman, Piper Taschenbuch, 2010.

Pausch, Randy: »Last Lecture: Achieving Your Childhood Dreams«. Online-Video, 2007. www.youtube.com/watch?v=ji5_MqicxSo&feature=&p=DA77BC2ABA0C77FD&index=0&playnext=1.

Reiner, Rob (Regie): »Das Beste kommt zum Schluss«. Spielfilm, Warner Home Video, 2008.

Rilke, Rainer Maria: *Die Aufzeichnungen des Malte Laurids Brigge.* insel taschenbuch, 1982.

Rothemund, Marc (Regie): »Sophie Scholl – die letzten Tage«. Spielfilm, Warner Home Video, 2005.

Schlingensief, Christoph: *So schön wie hier kanns im Himmel gar nicht sein: Tagebuch einer Krebserkrankung.* Kiepenheuer & Witsch, 2009.

Sill, Bernhard: *Die Kunst des Sterbens.* Sachbuch, topos, 2009.

Slideshare – Internetplattform zum Veröffentlichen von Präsentationen. www.slideshare.net.

Staudinger, Ursula: »Weisheit ist leicht zu erkennen – aber schwer zu erreichen«. In »Weisheit im Alltag«, *Psychologie Heute,* 28. Jahrgang, Heft 10 vom Oktober 2001.

Taddicken, Sven (Regie): »Emmas Glück«. Spielfilm, Alive, 2007.

Terzani, Tiziano: *Das Ende ist mein Anfang. Ein Vater, ein Sohn und die große Reise des Lebens.* Sachbuch, Goldmann, 2008.

Todenhöfer, Jürgen: *Teile dein Glück ... und du veränderst die Welt! Fundstücke einer abenteuerlichen Reise.* Sachbuch, C. Bertelsmann, 2010.

Weisman, Alan: *Die Welt ohne uns. Reise über eine unbevölkerte Erde.* Sachbuch, Piper Taschenbuch, 2009.

»Wer bin ich? Lebenslauf-Forschung: Was die Persönlichkeit prägt«. *Geo Wissen* Nr. 43, 2009.

Wikipedia. Online-Enzyklopädie. http://de.wikipedia.org.

Wilber, Ken: *Mut und Gnade: Die Geschichte einer großen Liebe – das Leben und Sterben der Treya Wilber.* Sachbuch, Fischer Taschenbuch, 2009.

Williamson, Marianne: *Rückkehr zur Liebe. Harmonie, Lebenssinn und Glück durch »Ein Kurs in Wundern«.* Sachbuch, Goldmann, 1993.

Yalom, Irvin D.: *Die Schopenhauer-Kur.* Roman, btb, 2009.

YouTube, Video-Community zum Veröffentlichen und Ansehen von Videos. www.youtube.com.

Zuckerman, Andrew: *Weisheit.* Bildband, Knesebeck, 2009.

JULIA CAMERON

Der Weg des Künstlers

*Ein spiritueller Pfad
zur Aktivierung unserer Kreativität*

Julia Cameron zeigt in ihrem 12-Wochen-Programm, welche Hindernisse die Freisetzung der eigenen Kreativität hemmen und wie man sie überwinden kann. Im Lauf des Programms lernt man, die Verbindung zu seinem Höheren Selbst wieder herzustellen und Vertrauen, Individualität, Autonomie und Stärke zu entwickeln.

JULIA CAMERON

Der Intensivkurs zum Weg des Künstlers

Dieses benutzerfreundlich ausgestattete Arbeitsbuch orientiert sich an dem zwölfwöchigen Aufbau des Bestsellers *Der Weg des Künstlers*. Jede Woche ist einem bestimmten Thema gewidmet, etwa dem Wiedergewinnen von Identität, von Mitgefühl oder von Verbundenheit.
Über 100 Aufgaben und Übungen geben viele neue Anregungen zur Kreativität im Alltag.

JULIA CAMERON

Von der Kunst des Schreibens

... und der spielerischen Freude,
die Worte fließen zu lassen

Julia Cameron zeigt, wie man Schreibblockaden und -hemmungen überwindet und einen spielerischen Zugang zum Prozess des Schreibens findet. Anhand zahlreicher Anekdoten über berühmte Schriftsteller und vieler Übungen gelingt es ihr, dem Leser die Angst vor dem leeren Blatt Papier zu nehmen. Cameron ermutigt dazu, mit kindlicher Freude spontan loszulegen und die Worte fließen zu lassen.

Ein inspirierendes und ermutigendes Buch sowohl für Schreibgeübte als auch für alle, die die wunderbare Kraft des Schreibens gerade erst entdecken.